भगवान
गौतम बुद्ध की तलवार

भगवान गौतम बुद्ध की तलवार

गौतम सचदेवा

भूमिकाः रमेश बलसेकर

अनुवादः अनीता रवि

YogiImpressions®

YogiImpressions®

THE BUDDHA'S SWORD
(in Hindi)
First published in India in 2009 by
Yogi Impressions Books Pvt. Ltd.
1711, Centre 1, World Trade Centre,
Cuffe Parade, Mumbai 400 005, India.
Website: www.yogiimpressions.com

First Edition: February 2009
First Hindi Edition: April 2016

Book design: Priya Mehta

ISBN 978-93-82742-46-3

मंजुश्री बुद्ध की प्रज्ञा को समर्पित

मंजुश्री बुद्ध गौतम बुद्ध के एक प्रबुद्ध
शिष्य थे। उन्हें प्रज्ञाशील बुद्ध कहा जाता
है क्योंकि वे सभी बुद्धों की प्रज्ञा का
प्रतिनिधित्व करते हैं। उनके बाएं हाथ
में धर्म सिखाने की मुद्रा दर्शाते हुए एक
नीला कमल है जिस पर प्रज्ञापारमिता
सूत्र लिखा हुआ है। उनके दाएं हाथ
में एक जलती हुई तलवार है जो प्रज्ञा
की शक्ति दर्शाती है जिससे अज्ञान को
काटा जा सकता है जो सभी दुखों की
जड़ है।

यह पुस्तक रमेश बलसेकर की शिक्षाओं और सितंबर, 2008 में लिखे उनके निबंध "जीवन का उद्देश्य" पर आधारित है।

रमेश बलसेकर अद्वैत विषय पर विश्व के अनेक शिक्षकों में से एक हैं। उन्होंने तीस से अधिक पुस्तकें लिखी हैं। वे मुंबई में अपने निवास पर विश्वभर से आए लोगों से रोज़ बातचीत करते हैं। उनकी शिक्षाओं ने बहुत लोगों को प्रभावित किया है।

विषय सूची

भूमिका

मुझे वह दिन याद है जब नौ वर्ष पहले मैं गौतम सचदेव को मिला था। मैं उनके भव्य व्यक्तित्व से प्रभावित हुआ और साथ ही उनकी विनम्रता ने भी मुझे बहुत प्रभावित किया। वह एक सफ़ल व्यवसायी हैं जिन्होंने युवावस्था में ही लगभग शून्य से अपना व्यवसाय आरंभ किया।

मैं इस बात से भी प्रभावित हुआ कि वह अद्वैत के सिद्धांत में सचमुच रुचि रखते थे और उन में अद्वैत के प्रति किसी सामान्य सफ़ल व्यवसायी वाला दृष्टिकोण नहीं था। मुझे एक किस्सा याद आ रहा है जब मेरा डाक्टर भतीजा मुझे एक अस्पताल में सामान्य जाँच के लिए ले गया। जब वरिष्ठ डाक्टर से मेरा परिचय 37 वर्ष से बैंकिंग व्यवसाय से जुड़े एक ऐसे व्यक्ति के रूप में कराया गया जो अब अद्वैत वेदांत विषय पर भाषण देता है तो उनके मुँह से तुरंत निकला, ''ओह वेदांत, मैं तो अभी केवल 56 वर्ष का हूँ। मैं बुढ़ापे में इसके बारे में सोचूँगा।''

आरंभ के वर्षों में जब गौतम हर रविवार की सुबह मुझे मिलने आते थे तो मैने यह अनुभव किया कि उनकी इस विषय में

गहन रुचि है और शीघ्र ही मुझे लगा कि उनके अंदर 'जागृति' आ चुकी है। दैनिक जीवन में नित्य घटने वाली 'जागृति' के साथ वे पूर्ण समर्पण के रास्ते पर आ रहे हैं।

जब उन्होंने मुझे इस पुस्तक की हस्तलिपि को देखने का अनुरोध किया तो मुझे बहुत प्रसन्नता हुई। इसे देखकर मुझे लगा कि मैंने भी 30 से अधिक पुस्तकें लिखी हैं लेकिन किसी ऐसे व्यक्ति के द्वारा लिखी ऐसी पुस्तकें पढ़ना भी अत्यंत हर्ष की बात है जिसने सिद्धांतों को व्यवहार में उतारा है।

मैने उसे अपनी शुभकामनाएं दीं जबकि वास्तव में उसे इसकी आवश्यकता ही नहीं थी। उसने कहा कि उसे मेरा आशीर्वाद चाहिए जिस पर मैंने कहा कि मेरा आशीर्वाद तो हमेशा उसके साथ है।

रमेश एस. बलसेकर
24 नवंबर, 2008

चाय के प्याले से शिक्षा

एक आध्यात्मिक जिज्ञासु जो ज्ञानोदय की खोज में था। वर्षों के पठन-पाठन और अभ्यास के बाद उसे लग रहा था कि वह पूर्णता के बहुत निकट था। तब वह एक ऐसे गुरु की खोज में निकला जो उसे सच्चा प्रबोधन दे सके। सभी ने उसे बताया कि किसी पहाड़ की चोटी पर एक प्रबुद्ध गुरु रहता है जो अपने शिष्यों को ज्ञानसंपन्न कर सकता है। वह जिज्ञासु हफ़्तों पैदल चलकर पहाड़ की चोटी पर बनी गुरु की गुफ़ा तक पहुँचा। कठिन चढ़ाई के बाद वहाँ पहुँच कर वह सीधा गुरु के चरणों पर गिर गया और उन्हें प्रबोधन की अपनी इच्छा बताई।

जिज्ञासु ने अपने पठन-पाठन, अभ्यास और अपने अब तक के अनुभवों को गुरु को बताया, और यह भी बताया कि वह अभी भी कुछ और प्राप्त करना चाहता है।

गुरु चुपचाप उसकी बात सुनते रहे। जब जिज्ञासु ने अपने आध्यात्मिक अनुभवों की लंबी कहानी समाप्त की तो गुरु ने कहा कि चलो एक कप चाय पीते हैं। जिज्ञासु ने चौंक कर कहा, 'एक कप चाय! मैंने वर्षों साधना की, महीनों खोज में लगा रहा, हफ़्तों चल कर आप तक पहुँचा ताकि मुझे प्रबोधन प्राप्त

हो सके। मुझे एक कप चाय नहीं चाहिए। मैं तो मुक्त होना चाहता हूँ।'

पर फिर भी गुरु ने शांतिपूर्वक आग्रह किया कि उसके अतिथि को पहले एक कप चाय पीनी चाहिए। प्याले को जिज्ञासु के पास ज़मीन पर रख कर गुरु केतली से उसमें गर्म चाय डालने लगे। जब चाय प्याले की ऊपरी सतह तक पहुँच गई तब भी गुरु ने चाय डालना बंद नहीं किया और चाय प्लेट से निकल कर गुफ़ा के फर्श पर फैलने लगी। इस पर जिज्ञासु चिल्लाया, "बस करो, प्याला पहले ही भरा हुआ है। अब इसमें और चाय नहीं आ सकती।" तब गुरु ने कहा कि तुम भी इस चाय के प्याले की भाँति हो। तुम अपनी जानकारियों, अनुभवों और उपलब्धियों से इतने भरे हुए हो कि मेरे द्वारा कुछ सिखाने की जगह ही नहीं बची। जब तक तुम अपने आपको खाली नहीं कर देते तब तक मेरी शिक्षा यहाँ फर्श पर फैली चाय की तरह बर्बाद ही होगी।

जीवन को एक नए दृष्टिकोण से
देखने की चेतना

टैरट में आश्चर्यचकित कर देने वाली ''ऐस ऑफ स्वोर्ड'' स्वर्ग से लटकी दोहरी धार की तलवार के रूप में दिखायी जाती है, जिसमें उसकी चमकती धार से रोशनी की अनेक किरणें निकलती हैं। ज्ञान और बौद्धिकता का यह कार्ड आध्यात्मिक विजय और स्पष्ट सोच का प्रतीक है। यद्यपि यह आध्यात्मिक विजय मन की शांति और मुक्ति लाती है, परंतु इसके साथ ही पीड़ा भी है। इसीलिए यह दोहरी धार की तलवार है।

''ऐस ऑफ स्वोर्ड'' एक नयी शुरुआत का कार्ड है जो जीवन को एक नए दृष्टिकोण से देखने का एक तरीका है। फीनिक्स पक्षी की तरह राख से एक नया जीवन शुरू होता है। पुरानी जिंदगी से नई जिंदगी कैसे शुरू होगी? क्या यह जीवन को देखने के दृष्टिकोण को बदलने से होगा? इस परिवर्तन के लिए व्यक्ति को यह बात स्पष्ट होनी चाहिए कि वह जीवन से चाहता क्या है?

व्यक्ति जीवन में सबसे ज़्यादा जिस चीज़ को चाहता है, उसके लिए सबसे पहले इस बात को स्पष्टता से समझना चाहिए कि जीवन का और जीवन को जीने का आधार क्या है?

"केवल देखना ही आवश्यक करनी है।"

— रमेश बलसेकर

स्वेच्छा – दैनिक जीवन का आधार

यदि हम दैनिक जीवन के आधार पर विचार करें तो हम एक आश्चर्यजनक परिणाम पर पहुँचेंगे। विश्व के किसी भी स्थान पर अथवा किसी भी समय "दैनिक जीवन" से क्या अभिप्राय है?

ज़ाहिर है कि किसी भी क्षण में व्यक्ति जिस स्थिति से गुज़रता है, वहीं से इसका प्रारंभ होता है। किसी भी स्थिति में जो भी कदम हम उठाते हैं, साफ़ तौर पर उसका अर्थ यही निकाला जा सकता है कि हम उस पल क्या चाहते है, और उसे पाने के लिए जैसा हम सोचते है वैसा ही करते हैं।

दैनिक जीवन का यही आधार है जो कि हर व्यक्ति पर हर समय लागू होता है, चाहे वह आज के आप और मैं हों अथवा हज़ारों वर्ष पूर्व गुफ़ाओं में रहने वाले व्यक्ति हों।

भले ही परिस्थितियां बिल्कुल अलग हों, परंतु दैनिक जीवन से अभिप्राय किसी भी परिस्थिति में वही करना है जिसे करने में व्यक्ति विश्वास करता है।

जैसा कि हम दैनिक जीवन के बारे में जानते हैं कि यह घटित ही इसलिए होता है क्योंकि व्यक्ति में किसी भी परिस्थिति में उसकी सोच के अनुसार कुछ भी करने की स्वेच्छा होती है। इसलिए यह पूछना व्यर्थ है कि क्या मनुष्यों के पास स्वेच्छा होती है? यदि ऐसा नहीं होता तो दैनिक जीवन घटित नहीं होता।

स्वेच्छा का सिद्धांत – व्यवहार में

यदि हम विश्लेषण करें तो पाएंगे कि सभी के पास स्वेच्छा होनी चाहिए। परंतु हमारा व्यक्तिगत अनुभव यह कहता है कि स्वेच्छा से किसी कार्य को करने के बाद वास्तव में जो घटित होता है, उस पर किसी का नियंत्रण नहीं होता।

वास्तव में होता यह है:

1. कई बार व्यक्ति को वह मिल जाता है जो वह चाहता है।

2. कई बार व्यक्ति को वह नहीं मिलता जिसकी वह आशा करता है।

3. कई बार व्यक्ति को उसकी अपेक्षा से अधिक मिलता है — अच्छे के लिए, अथवा बुरे के लिए।

यह जानना महत्वपूर्ण है कि यह बात सामान्य रूप से सभी पर लागू होती है, भले ही वह एक सामान्य व्यक्ति हो अथवा कोई अपराधी। किसी अपराधी के पास भी किसी दूसरे व्यक्ति जितनी ही स्वेच्छा होती है। वह भी दूसरों की भाँति यह जानने में असमर्थ है कि वास्तव में स्वेच्छा से कुछ करने के बाद क्या होने वाला है।

अतः यद्यपि हमारे पास पूर्ण स्वेच्छा है और किसी परिस्थिति में हम जो भी करना चाहें, कर सकते हैं, समाज तो केवल उसका परिणाम देखेगा – उपरोक्त तीन उदाहरणों में से किसी एक को व्यक्ति की करनी माना जाएगा। वास्तव में जो भी हुआ है, उसके आधार पर समाज उस करनी को अच्छा या बुरा ठहराएगा। समाज में प्रचलित नियमों तथा कानूनों के अनुसार समाज संबद्ध व्यक्ति को उसकी करनी के अनुसार पुरस्कृत अथवा दंडित करेगा।

पुरस्कार से तात्पर्य उस क्षण की खुशी, तथा दंड से अभिप्राय उस क्षण की पीड़ा है। यह एक ऐसा तथ्य है जिसे संबद्ध व्यक्ति द्वारा समाज में रहने के लिए मान लेना बहुत आवश्यक है।

स्पष्ट रूप से दैनिक जीवन को हम इसी रूप में जानते हैं, दिन प्रतिदिन, विभिन्न परिस्थितियों, विभिन्न कार्यकलापों के उपरांत उस समय समाज के द्वारा पुरस्कार अथवा दंड।

अतः दो चीज़ें स्पष्ट हो गई हैं:

1. किसी भी परिस्थिति में अपनी इच्छानुसार कुछ भी करने के लिए प्रत्येक मनुष्य के पास स्वेच्छा होती है।

2. व्यावहारिक जीवन में यह स्वेच्छा बिल्कुल निरर्थक रहती है, क्योंकि 'हमारी' करनी के परिणामों पर हमारा कोई नियंत्रण नहीं है।

.

स्वेच्छा का महत्व – सिद्धांत रूप में

यद्यपि हम यह जान गए हैं कि व्यावहारिक रूप में "स्वेच्छा" की बात बिल्कुल निरर्थक है परन्तु सैद्धांतिक रूप में इसके महत्व के बारे में जानना काफ़ी रोचक होगा।

आखिर "स्वेच्छा" का आधार क्या है? मैं किस आधार पर यह निर्णय लूँ कि किसी परिस्थिति में मेरी इच्छानुसार कुछ प्राप्त करने के लिए मुझे क्या करना होगा और एक अपराधी किस आधार पर कुछ करने का निर्णय लेता है?

यदि आप इस प्रश्न पर गंभीरता से विचार करें तो यह पायेंगे कि प्रत्येक मामले में "स्वेच्छा" दो चीज़ों पर आधारित होती है – आपके जीन तत्व और आपकी परिस्थितियाँ।

आपका अपने माता पिता की संतान होने पर कोई नियंत्रण नहीं था। इसीलिए आपका अपने जीन तत्व पर भी नियंत्रण नहीं था।

अनेक अनुसंधानों से जीन तत्व के शक्तिशाली होने की बात सामने आई है। किसी व्यक्ति का दयालु होना या न होना उसके जीन तत्व पर निर्भर करता है। इसी प्रकार ज़मीन पर चलती चीटियों के समूह पर पांव रखना या ना रखना भी उसके जीन तत्व पर निर्भर करता है।

वास्तव में एक नयी रिपोर्ट के अनुसार कोई व्यक्ति अपने पति/पत्नी के प्रति वफादार है या नहीं, यह भी उसके जीन तत्व पर निर्भर करता है। इस प्रकार जीन तत्व एक अत्यंत शक्तिशाली तत्व है।

इसी प्रकार इस तथाकथित "स्वेच्छा" का दूसरा आधार हमारी परिस्थितियों के अनुसार हमारा अनुकूलन है। जिस प्रकार अपने किसी विशेष माता पिता की संतान होने पर मेरा नियंत्रण नहीं था (इस प्रकार जीन तत्व पर भी मेरा नियंत्रण नहीं था), उसी प्रकार विशेष भौगोलिक और विशेष रूप से किसी सामाजिक वातावरण – उच्च वर्ग, मध्यम वर्ग या निम्न वर्ग में अपने किसी विशेष माता पिता की संतान होने पर भी मेरा कोई नियंत्रण नहीं था। इस प्रकार मैं आज जो भी हूँ, वह मेरे पैदा होने के पहले दिन से ही घर, समाज, स्कूल और कॉलेज तथा चर्च अथवा मंदिर की परिस्थितियों के अनुसार अनुकूलन की बौछार के आधार पर बना हूँ। यह अच्छा है, वह बुरा है, हमें यह करना चाहिए या वह नहीं करना चाहिए या ईश्वर हमें दंड देगा, इस प्रकार की अनेक बातें हमारी परिस्थितियों के अनुसार हमारी मानसिकता को तैयार करती हैं।

परिस्थितियों के अनुसार मानसिकता का विकास इस बात पर निर्भर करता है कि हमें क्या बताया जाता है, हम क्या पढ़ते हैं और क्या देखते हैं। वास्तव में जीन तत्व तो कम या ज्यादा एक स्थायी तत्व है परन्तु परिस्थितियों के अनुसार हमारी मानसिकता निरंतर बदलती रहती है। नयी परिस्थितियाँ हमारी वर्तमान परिस्थितियों पर आधारित मानसिकता में थोड़ा बदलाव ला सकती हैं या उनमें कुछ सुधार ला सकती हैं अथवा कई बार पुरानी मानसिकता को पूरी तरह ही रूपांतरित कर सकती हैं।

इस प्रकार एक आम आदमी और एक अपराधी किसी विशेष परिस्थिति में जो भी करने का निर्णय लेता है वह जीन तत्व और परिस्थितियों के अनुसार मानसिकता पर आधारित होता है और इन दोनों पर किसी का कोई नियंत्रण नहीं होता। अतः कौन हमारे जीन तत्व या मानसिकता के लिए जिम्मेदार है?

क्या यह सच नहीं है कि यह दोनों तत्व किसी उच्च शक्ति द्वारा निर्धारित किये गए थे। यदि हम इस बात को स्वीकार करते हैं तो यह भी स्पष्ट हो जाता है कि किसी विशेष समय में कोई व्यक्ति जो भी करता है वह किसी उच्च शक्ति द्वारा पूर्वनिर्धारित होता है जिसे कुछ लोग ईश्वर का नाम देते हैं। कोई भी व्यक्ति वह काम नहीं कर सकता जो ईश्वर नहीं चाहता।

इसका अर्थ स्पष्ट है कि कोई भी, चाहे वह सामान्य व्यक्ति हो अथवा कोई मनोरोगी हो, कोई भी ऐसा काम नहीं करेगा जिसके लिए उसे भगवान से डर लगे और यदि उसे भगवान से डरने की जरूरत नहीं है तो निश्चित रूप से अपने जन्मदाता को प्रेम करने से कोई उसे रोक नहीं सकता।

आप पूछेंगे कि यदि सब कुछ भगवान की इच्छा से होता है तो मशीनगन उठा कर बीस लोगों को मारने से मुझे कौन रोकता है? इसका स्पष्ट उत्तर है कि यदि ये आपके स्वभाव में (जीन तत्व और परिस्थिति अनुसार आपकी मानसिकता) नहीं है तो पहले तो आप ऐसा करेंगे ही नहीं। दूसरे यदि आप ऐसा करते हैं तो आप समाज के प्रति ज़िम्मेदारी से बच नहीं सकते क्योंकि समाज इसको 'आपका' काम बताते हुए आपको दण्डित करेगा।

जीवन की राह में प्रत्येक व्यक्ति जिस समाज में रहता है, उसके प्रति वह उत्तरदायी होता है और उसे हर मामले में उसका निर्णय स्वीकार करना होगा। इसका तात्पर्य है कि कभी उसे ख़ुशी मिलेगी और कभी तकलीफ।

यदि किसी व्यक्ति को यह जानते हुए तकलीफ से गुज़रना होता है कि यह सब ईश्वर की इच्छा से हो रहा है तो उसे इस मामले में अपने आप को दोषी मानते हुए शर्मसार होने की आवश्यकता नहीं है।

इस विश्लेषण से यह स्पष्ट होता है कि किसी का भी इस बात पर नियंत्रण नहीं होता कि आने वाले क्षण ख़ुशी लायेंगे अथवा तकलीफ। इस बात को हमें स्वीकार करना होगा। परन्तु जो भी हो रहा है, वह ईश्वर की इच्छा से अथवा अलौकिक शक्ति के अनुसार हो रहा है और किसी व्यक्ति का इसमें कोई हाथ नहीं है – यह स्वीकार करने से अच्छा कार्य होने से किसी व्यक्ति को गर्व अथवा अहंकार और तकलीफ के समय दोषी या शर्मसार महसूस करने की कोई आवश्यकता नहीं रह जाती।

इसी प्रकार यदि सब कुछ अलौकिक नियमों के अनुसार घटित होता है तो किसी 'अन्य' को किसी कार्य के लिए 'घृणा करने' अथवा 'दोषी ठहराने' की कोई आवश्यकता नहीं है भले ही वह 'अन्य' कोई मनोरोगी ही क्यों न हो।

यही हमारा दैनिक जीवन है। हम में से प्रत्येक को अलौकिक नियमों अथवा ईश्वर की इच्छा के अनुसार अपने आसपास की परिस्थितियों में जीवन व्यतीत करने को विवश होना पड़ता है।

क्या वास्तव में तुम कर्ता हो ?

क्या वास्तव में हम कुछ करते हैं? इसका हम सूक्ष्म निरीक्षण कर सकते हैं? यदि आप अपने किसी दिन में घटने वाली घटनाओं पर ध्यान दें तो आप पाएंगें कि उनमें से अधिकांश प्रायः केवल 'घटित' हुई हैं। उनमें से आप किसी भी ऐसी घटना को चुनें जो आपके अनुसार आपके द्वारा किए गए किसी कार्य का परिणाम थी। तब यदि आप ध्यान से उसका विश्लेषण करें और देखें कि आपने वह कार्य कैसे किया तो आप पाएंगे कि आपने वास्तव में कुछ नहीं किया।

क्या आपने किसी विशेष समय में वह कार्य करने का निर्णय लिया अथवा आपका वह कार्य किसी विचार पर आधारित था जिस पर आपका वह करना निर्भर था? यदि आपके मन में वह विचार नहीं उठता तो आप वह कार्य नहीं कर पाते। उस विचार के उठने पर आपका कोई नियंत्रण नहीं था। इसलिए क्या वास्तव में यह 'आपके द्वारा' कुछ किया जाना था? आपकी करनी आपके द्वारा कुछ देखने, स्वाद लेने, सूँघने, स्पर्श करने अथवा सुनने का परिणाम है। यदि आप किसी निश्चित समय पर किसी निश्चित स्थान पर नहीं होते और न कुछ देखते, सुनते, स्वाद लेते अथवा स्पर्श करते तो आपकी

करनी घटित नहीं होती। अतः आपको आपकी करनी तक पहुँचाने वाले तत्वों पर आपका कोई नियंत्रण नहीं था। तब आप इसे अपनी करनी कैसे कह सकते हैं? हमारे वर्तमान क्षण के घटित होने का वातावरण बनाने में एक दूसरे से जुड़ी घटनाओं का जाल होता है। इसके लिए हमें अपनी इच्छा स्पष्ट करते हुए निर्णय लेना होता है। हमारे नियंत्रण से बाहर के तत्वों पर अत्यंत निर्भरता के कारण हम केवल निर्णय ही ले सकते हैं। इसके बाद हम कभी भी यह पता नहीं कर सकते कि लहरों का बहाव कहाँ और किस दिशा में होगा। इससे आपस में जुड़ कर बनीं अन्य घटनाएँ भी प्रभावित होंगी जो किसी और के लिए किसी अन्य परिस्थिति का निर्माण करेंगी।

अतः किसी भी परिस्थिति में निर्णय लेने के लिए हमारे पास स्वेच्छा होती है जिसके बिना दैनिक जीवन घटित नहीं हो सकता। पर वास्तव में हम यह भी जानते हैं कि स्वेच्छा वास्तव में व्यर्थ है क्योंकि हमारी करनी का परिणाम हमारे नियंत्रण में नहीं है। अतः हमें अपनी करनी इस प्रकार करनी है जैसे उस पर हमारा नियंत्रण है। भले ही हम जानते हैं कि उस पर हमारा नियंत्रण नहीं है और वास्तव में यह केवल ईश्वर की इच्छा से होता है।

इसका अर्थ यह नहीं है कि कुछ भी हमारे हाथ में नहीं है। इसका अर्थ यह है कि परिणाम हमारे हाथ में नहीं है। हमारे द्वारा निर्णय लिए जाना आवश्यक है जैसा कि हम हमेशा करते आए हैं। इसलिए निर्णय लेना हमारे हाथ में है जिसके बिना दैनिक जीवन की प्रक्रिया घटित नहीं होती।

यह मज़ेदार बात है कि "भगवान की इच्छा" हर धर्म का आधार है।

बाइबिल कहती है, "तुम्हारी इच्छा से ही सब होगा।" इस्लाम में व्यावहारिक रूप में प्रत्येक वाक्य के बाद इन्शाअल्लाह (ईश्वर की इच्छा) कहा जाता है। हिंदू ग्रंथों में कहा जाता है, "तुम्हीं कर्ता हो, तुम्हीं अनुभवी हो, तुम्हीं वक्ता हो, तुम्हीं श्रोता हो।" सभी धर्म एक ही बात कहते हैं परंतु फिर भी हज़ारों वर्षों से हम धार्मिक युद्ध करते आ रहे हैं।

ईश्वर की इच्छा का आधार क्या है? मनुष्य के दिमाग के लिए किसी विस्तृत चीज़ को, जिसका संबंध हमेशा पूरे ब्रह्मांड से है, को समझना असंभव है। इसलिए कोई ब्रह्मांड के नियम 'तुम्हारी इच्छा' को चुनौती नहीं दे सकता क्योंकि किसी को कभी भी इसका उत्तर नहीं मिल सकता। उदाहरण के लिए कहीं किसी की हत्या होती है। हत्यारा पकड़ा जाता है, न्यायाधीश के समक्ष लाया जाता है और दोषी पाया जाता है। हमारा तार्किक दिमाग कहेगा, "आह, ऐसा ही होना चाहिए था।" पर इसके तीन संभावित परिणाम हो सकते हैं। हत्यारा पकड़ा जाता है। ज्यूरी जानते हैं कि वह व्यक्ति हत्या का दोषी है। परंतु उसे सज़ा देने के लिए पर्याप्त साक्ष्य उपलब्ध नहीं हैं। अतः मजबूरी में ज्यूरी को उसे छोड़ना पड़ता है अथवा किसी की हत्या की गई है पर हत्यारा पकड़ा नहीं जा सका और यह मामला पुलिस की फाइलों में अनसुलझा ही पड़ा है। अगला विकल्प स्वीकार करना और भी कठिन है। हमने ख़बरों में पढ़ा है कि हत्या हुई है परंतु एक मासूम

व्यक्ति को हत्या का दोषी ठहराते हुए उसे उस अपराध के लिए फाँसी पर चढ़ा दिया गया जो उसने कभी किया ही नहीं था। इनमें से किस विकल्प को हम भगवान की इच्छा कहेंगे जिसका आधार हम कभी समझ ही नहीं सकते।

अकर्ता होना प्रयासरहित प्रयास करना है

मन इस नज़रिए को भाग्यवादी मान सकता है परंतु वास्तव में यह बिल्कुल इसके विपरीत बात है। कुछ न करने की बात का यह अर्थ बिल्कुल नहीं है कि कोई निर्णय न लिया जाए। केवल आपको यह प्रयास करना है कि आप सुबह जब उठें तो बिस्तर से बाहर न आएँ। कोशिश करिए और देखिए कि क्या यह संभव है? परंतु और कुछ नहीं तो पहले या बाद में, आपको शौचालय तो जाना ही होगा। इसका अर्थ 'निष्क्रिय' रहना नहीं है क्योंकि यह अपने आप में कुछ 'करना' है। जैसा कि भगवद्गीता में लिखा है (II-47) तुम्हारा काम केवल कर्म करना है। उसके फल की चिंता करना नहीं। इसलिए कर्म के फल की इच्छा करना तुम्हारा उद्देश्य नहीं होना चाहिए। साथ ही, इसके साथ जुड़ी 'अकर्म' से भी तुम्हारा कोई संबंध नहीं होना चाहिए।

इस सिद्धांत को स्वीकार करने से आप अपने स्वभाव के साथ और अधिक सहज हो सकते हैं। भारतीय धर्मग्रंथों से एक उदाहरण मिलता है जो हमें वह 'करने' के लिए प्रेरित करता है जो हमारे स्वभाव में है न कि 'निष्क्रिय' रहने के लिए।

31

भगवद्गीता (II-4, 9, 31, XI-33, 34) में लिखा है कि जब अर्जुन ने युद्ध के मैदान में अपने समक्ष अपने संबंधियों, मित्रों एवं गुरुजनों को खड़े देखा तो उसने अपने धनुषबाण नीचे रख दिए। उसने भगवान श्रीकृष्ण से कहा, "मैं उन लोगों से युद्ध नहीं कर सकता जो मेरे गुरुजन हैं और सम्मान के योग्य हैं।" तब श्रीकृष्ण ने अर्जुन से कहा, "तुम योद्धा बनने के लिए पैदा हुए थे, तुम्हारा प्रशिक्षण भी योद्धा के रूप में हुआ था और तुम्हारा अनुकूलन भी योद्धा के रूप में हुआ था। इसलिए अपना धनुष उठाओ और युद्ध करो। काल के रूप में मैं पहले ही उनको मार चुका हूँ।"

किसी भी परिस्थिति में आप वही करते हैं जो आप सोचते हैं कि आपको करना चाहिए। इसका अर्थ आपकी संपूर्ण स्वेच्छा का प्रयोग करना है। परंतु अब आप 'करने' में 'शिथिलता' की भावना अनुभव करते हैं। आप पाएँगे कि आपका 'प्रयास' 'प्रयासहीन' हो रहा है क्योंकि आपके प्रयास के साथ अपेक्षा का कोई बोझ नहीं जुड़ा है। आप जानते हैं कि परिणाम आपके नियंत्रण में नहीं हैं। अपेक्षा करने से निराशा और दुख ही मिलता है क्योंकि आप जिसकी आशा कर रहे हैं, हो सकता है कि वह आपको न मिले। इसलिए आप जो कार्य कर रहे हैं, अपना ध्यान केवल उसी पर केंद्रित करें और अपनी ओर से पूरी लगन से करें और शेष ईश्वर पर छोड़ दें। कुछ न कुछ हमेशा घटित होता है। समस्या यह है कि हम चाहते हैं कि कुछ 'विशेष' घटित हो। यह दृष्टिकोण होने से हम अपनी इच्छा के अनुसार काम न होने पर परिणामों का विरोध करने के बजाय निराशा को अधिक सहजता के साथ स्वीकार कर सकते हैं।

इस पर मुझे किसी से सुनी हुई एक घटना याद आ रही है। दुर्भाग्यवश संत थेरेसा को एक बार कीचड़ में से एक भारी बोझ से लदी गाड़ी को खींचना था। दलदल के कारण गाड़ी को खींचना और भी अधिक कठिन हो गया। तब सहायता के लिए उन्होंने येशू को पुकारा। उन्होंने निराशा में उनसे पूछा कि उन्होंने इतना भारी बोझ उठाने के लिए उन्हें ही क्यों चुना? येशू ने उत्तर दिया कि वे इसके लिए अपने कुछ विशेष लोगों और अपने अच्छे मित्रों को ही चुनते हैं। तब संत थेरेसा ने स्वर्ग की ओर देखते हुए कहा, "कोई आश्चर्य की बात नहीं है कि आपके बहुत कम मित्र हैं।"

जब कुछ अच्छा घटित होता है तो आप ईश्वर को धन्यवाद देते हैं क्योंकि आप जानते हैं कि चाहे आपने कितने भी प्रयास किए हों पर ईश्वर की इच्छा से ही वह कार्य पूरा हुआ। यदि कुछ उल्टा होना होता तो वह भी हो सकता था।

और जब आप अपनी तरफ से पूरे प्रयास करते हैं और आपको उसके अनुसार परिणाम नहीं मिलते तो काम न होने के लिए आप अपने आप को या दूसरों को दोष नहीं देते।

इस प्रकार भ्रमित करने वाले विचारों जैसे 'क्या होगा यदि' अथवा 'क्या होना चाहिए' पर आप कम समय व्यतीत करते हुए अधिक समय अपनी 'करनी' पर केंद्रित कर सकेंगे और आपके काम अधिक सहजता से हो सकेंगे।

बहुत से लोग इस डर से कुछ भी करने से कतराते रहते हैं

कि कहीं उनका निर्णय ग़लत न हो। परंतु समझदारी इसी
में है कि कुछ कार्य करने पर ही ध्यान केंद्रित किया जाए।
समय के साथ 'कहीं मैं ग़लत निर्णय न ले लूँ।' जैसे प्रश्न
धीरे धीरे स्वयं ही समाप्त हो जाते हैं। ऐसा इसलिए होता
है क्योंकि आप जानते हैं कि यदि आपकी स्वेच्छा वास्तव
में ईश्वर की इच्छा है तो आप कोई भी ग़लत निर्णय नहीं
ले सकते। इसलिए आपके द्वारा कोई निर्णय लेने पर यदि
परिणाम वैसे नहीं मिलते जैसी आपने आशा की थी तो भी
आप ग़लत निर्णय लेने के लिए स्वयं को दोषी मान कर
कोसते हुए समय व्यर्थ नहीं करेंगे।

इस से यह बात स्पष्ट होती है कि आपकी स्वेच्छा एक तरफ
जहां सिद्धांत और व्यवहार दोनों रूप में मूल्यहीन है वहीं दूसरी
तरफ जब आपको यह बात समझ में आ जाती है कि आपकी
स्वेच्छा वास्तव में ईश्वर की इच्छा है तो यह ईश्वर की ओर
से एक अमूल्य भेंट बन जाती है।

अतः व्यवहार में 'अकर्ता रहना' 'करने' से अधिक प्रबल हो
जाता है। एक बार फिर से भगवद्गीता (iv-20) के अनुसार
'जब वह कर्म से फल की आशा छोड़ कर हमेशा संतुष्ट
रहता है और कहीं से भी शरण नहीं माँगता है तब वह (साधु)
कर्म करते हुए भी कुछ नहीं कर रहा।' इस विषय पर रमण
महर्षि ने कुछ अमूल्य बातें कहीं हैं। उनके अनुसार 'अकर्म' न
समाप्त होने वाली गतिविधि है। साधु को अनंतकाल तक की
तीव्र गतिविधि से पहचाना जाता है। उसका स्थिर रहना तेज़
घूमते चक्र को देखकर उसके स्थिर होने के दृष्टिभ्रम जैसा है।

उसकी तीव्र गति को आँखों से निरंतर नहीं देखा जा सकता। अतः उसे देख कर उसके स्थिर रहने का भ्रम होता है जबकि वास्तव में वह घूम रहा होता है। यही स्थिति साधु के 'कुछ न करने' जैसा दिखने का भ्रम है। इसको स्पष्ट करना बहुत आवश्यक है क्योंकि इस तरह की स्थिरता को लोग निष्क्रियता समझने की भूल कर बैठते हैं जबकि वास्तव में ऐसा नहीं है।

प्रकृति तेज़ी से घूमते चक्र के स्थिर होने के भ्रम को समझाने के लिए एक चौंका देने वाला उदाहरण देती है। समुद्र किनारे बैठ कर मंत्रमुग्ध कर देने वाले सूर्यास्त को देखते हुए हमारे नीचे की भूमि अति तीव्र गति से घूम रही है। हम यह देखकर आश्चर्यचकित हो सकते हैं कि प्रकृति चुपचाप कैसे अपना कार्य करती है। पृथ्वी आकार में बहुत बड़ी है और इसका वज़न भी लगभग छः सेक्सटिलियन मिट्रिक टन है और यह अपनी धुरी पर चक्र की भाँति घूमती है। साथ ही उसी समय पृथ्वी सूर्य के आसपास भी चक्कर लगाती है। पृथ्वी भूमध्य रेखा पर 1040 मील प्रति घंटा के हिसाब से घूमती है और 18.5 मील प्रति सेकंड की गति से सूर्य के आसपास घूमती है। आप मंत्रमुग्ध होकर सूर्यास्त देख रहे होते हैं और प्रकृति को शांत समझ रहे होते हैं। परंतु उसकी शांति के पीछे उसकी हैरान कर देने वाली गतिविधियाँ सक्रिय रहती हैं।

यहाँ हम मनुष्य अपने जीवन में निरंतर स्थिरता चाहते हैं जबकि हमारे पाँव के नीचे की भूमि लगातार घूम रही है। पृथ्वी हमें दिखाती है कि स्थिरता से तात्पर्य कोई गतिविधि न होना नहीं है। इसी प्रकार हमारे जीवन में अनेक गतिविधियों और

कार्यकलापों के बावजूद हम भी उस भूमि की भाँति स्थिर हैं जो आकाशगंगा में घूमती है। जब हम सोचते हैं कि हम घूम नहीं रहे हैं तब भी हमें घुमाया जा रहा होता है। इसी प्रकार जब हम सोचते हैं कि हम काम पर जा रहे हैं तब वास्तव में हमसे काम करवाया जा रहा होता है। अगली बार जब आप समुद्रतट पर हों तो याद रखें कि सूर्य अस्त नहीं हो रहा है अपितु पृथ्वी के घूमने से आपको ऐसा प्रतीत हो रहा है। इसलिए सूर्योदय और सूर्यास्त सच्चाई नहीं भ्रम है।

1633 में कोपरनिकस के इस सिद्धांत कि पृथ्वी सूर्य के चारों ओर परिक्रमा करती है, की पुष्टि करने वाली पुस्तक को प्रकाशित करने को अपराध बता कर गैलीलियो पर मुकदमा चलाया गया। उसकी मृत्यु की चार शताब्दियों के उपरांत चर्च ने 1992 में गैलीलियो के विरुद्ध अपने आरोप वापिस ले लिए।

हमें अपने दृढ़ विचार भले ही कितने भी प्रिय क्यों न लगे परंतु हमें यह बात अपने मस्तिष्क में रखनी चाहिए कि वास्तविकता हमारे विचारों से बिल्कुल अलग भी हो सकती है। हमें विभिन्न प्रकार की विचारधाराओं पर खुले मस्तिष्क से सोचना चाहिए। हमें 'चाय के कप से शिक्षा' पाठ को याद रखना चाहिए। आशा है हमें भगवद्गीता और रमण महर्षि द्वारा दी शिक्षा को स्वीकार करने में और तीन शताब्दियों की आवश्यकता नहीं है।

अब जबकि हमने "स्वेच्छा" और 'निष्क्रियता' का विश्लेषण कर लिया है तब हमें सबसे महत्वपूर्ण विषय पर विचार करना है कि हम जीवन में सबसे अधिक क्या चाहते हैं? दूसरे शब्दों में जीवन का उद्देश्य क्या है?

जीवन का उद्देश्य

"जब से खुशी ने आपका नाम सुना है,
वह गलियों में आपको ढूँढ़ रही है।"

— हाफ़िज़

आप गरीबी की रेखा के नीचे रहने वाले करोड़ों लोगों से
यह आशा नहीं कर सकते कि उन्हें जीवन के उद्देश्य से कोई
मतलब हो। वे तो रोटी, कपड़ा और मकान जुटाने में ज़्यादा
रुचि रखते हैं। अधिकांशतः वही लोग जीवन के उद्देश्य के बारे
में सोचते हैं जो आराम की ज़िंदगी बसर कर रहे हैं। जीवन
का उद्देश्य बहुत सरल है और वह है आनंदित रहना। आनंदित
रहना आपके स्वभाव में है। ऐसा इसलिए है क्योंकि आप
जानते हैं कि आनंदित रहना क्या है। नहीं तो आप आनंद क्यों
ढूंढ़ते? आप कुछ और ढूंढ़ते। उदाहरण के लिए पेट का दर्द
होना यदि आपके स्वभाव में है तो हमेशा पेट दर्द ही ढूंढ़ते।

जब आपकी ज़िंदगी में बहुत उतार चढ़ाव आते हैं तो आप
ऐसा सोचते हैं कि ईश्वर आपको आनंदित नहीं देखना चाहता।
लेकिन, ईश्वर तो आपको आनंदित ही देखना चाहता है।
आपको केवल यह बात स्पष्ट रूप से समझनी है कि आनंद
क्या है।

बच्चा जन्म लेने पर अपनी माँ की ओर प्राकृतिक तौर से
खिंचता है। उसको माँ के दूध से आनंद मिलता है।

फिर जैसे-जैसे बच्चा बड़ा होता जाता है, उसके आनंद के मापदंड बदलते जाते हैं। आनंद का अर्थ घर पर माँ-बाप का प्यार और खेल के मैदान और कक्षा में सफलता हो जाता है। एक वयस्क के रूप में व्यक्ति धन, प्रसिद्धि, ताकत या जीवन के प्रवाह में किसी न किसी चीज़ के माध्यम से आनंद ढूंढ़ता है।

परंतु हमारा यह अनुभव है कि अधिकांश व्यक्तियों को जीवन में वह नहीं मिलता जो वे चाहते हैं और निराशा में ही उनकी मृत्यु होती है।

जीवन का सत्य यह है कि जो लोग जीवन के प्रवाह में किसी चीज़ के माध्यम से आनंद की तलाश करते हैं, उन्हें वास्तव में वह आनंद मिलता अवश्य है परंतु उनको लगता है कि धन, प्रसिद्धि एवं ताकत मिलने के बावजूद भी उन्हें वह सच्चा आनंद नहीं मिला जिसकी उन्हें तलाश थी। कुछ लोग ऐसे भी होते हैं जिन्होंने पहले ही इस बात को समझ लिया है कि प्रसिद्धि, धन और ताकत उन्हें वह नहीं दे सकते जो वे चाहते हैं।

इन लोगों ने यह महत्वपूर्ण बात समझ ली है कि वे जो पाना चाहते हैं, वह जीवन के प्रवाह में प्राप्त नहीं किया जा सकता। ऐसा इसलिए होता है क्योंकि जीवन के प्रवाह का अर्थ केवल उस क्षण में खुशी या पीड़ा होना है। वे लोग वास्तव में जो चाह रहे होते हैं, वह तात्कालिक सुख और दुख पर निर्भर नहीं होता बल्कि अधिक मूलभूत और स्थायी होता है।

जो आनंद केवल जीवन की ख़ुशियों पर निर्भर करता है, वह हमेशा टिका नहीं रह सकता। ऐसा इसलिए है क्योंकि किसी ने भी ऐसा जीवन नहीं जिया है जिसमें केवल सुखमय ही रहा हो।

उन्होंने यह समझ लिया है कि वे जो खोज रहे हैं, वह अधिक महत्वपूर्ण है और हमेशा के लिए है। भले ही वर्तमान क्षण में हम आनंद प्राप्त कर रहे हों और पीड़ा भोग रहे हों। दूसरे शब्दों में वे कुछ ऐसी चीज़ खोज रहे हैं जो उस क्षण के आनंद को समाप्त होने या दुख को और तीव्र होने से रोक सकती है। पर उस क्षण का आनंद कैसे समाप्त हो सकता है या पीड़ा कैसे तीव्र हो सकती है। मन में ऐसा विचार उठने से ऐसा हो सकता है। एक ऐसा विचार कि किसी ने 'मेरे साथ' कुछ ऐसा किया जिससे मुझे दुख पहुँचा या मैने किसी के साथ कुछ ऐसा किया जिससे 'उसको' चोट पहुँची। उदाहरण के लिए मैं अभी किसी चीज़ का आनंद ले रहा हूँ परंतु तभी मुझे कोई ऐसी बात याद आती है जिससे मैने अपने मित्र को चोट पहुँचायी और जिसके लिए उसने मुझे क्षमा नहीं किया। इससे उस क्षण मेरा आनंद समाप्त हो जाता है और मेरा दुःख बढ़ जाता है। इसके विपरीत यदि मेरे मित्र ने मेरे साथ ऐसा कुछ किया है जिसके लिए मैने उसे क्षमा नहीं किया तो इससे भी मेरी पीड़ा अधिक बढ़ सकती है। किसी का भी मन में उठने वाले विचारों पर अथवा बाद में आने वाले विचारों पर नियंत्रण नहीं है। विचार "बाहर से" हमारे पास आते हैं।

सच्चे आनंद को सही ढ़ंग से समझने की दिशा में एक महत्वपूर्ण पड़ाव यह समझना है कि जीवन के प्रवाह में खुशी के क्षणों के बाद दुख के क्षण भी आते हैं जैसे ज्वारभाटा और जीवन का प्रवाह। हम जो खोज रहे हैं वह हमें उपरोक्त जीवन प्रवाह से नहीं अपितु जीवन के प्रति अपना दृष्टिकोण बदलने से मिल सकता है।

सम्राट सिकंदर रास्ता दिखाता है

सुख की तलाश में हमें उन कारणों को ढूँढ़ना होगा जिससे हमें दुःख मिलता है। इसमें हमारा जीवन के प्रति दृष्टिकोण भी बहुत महत्व रखता है। जीवन के प्रति दृष्टिकोण से अभिप्राय किसी 'दूसरे' के प्रति दृष्टिकोण से है। ऐसा इसलिए है क्योंकि सुबह से रात तक मेरे जीवन का सारतत्व उस 'दूसरे' के साथ मेरे संबंध हैं। वह 'दूसरा' मेरा नज़दीकी संबंधी, कोई मित्र, पड़ोसी, मेरा सहकर्मी अथवा कोई अनजान व्यक्ति भी हो सकता है।

इसलिए आनंद की तलाश करते हुए मूलभूत प्रश्न यह उठता है कि उस 'दूसरे' के प्रति हमारा दृष्टिकोण कैसा हो जो उसके लिए चिरस्थायी सुख लाए। यह इस बात पर निर्भर नहीं करता कि वर्तमान क्षण खुशी लाएगा अथवा दुःख।

जो दृष्टिकोण हमारे लिए सुख नहीं लाता वह 'दूसरे' को अपना प्रतियोगी अथवा संभावित शत्रु समझता है। यह संबंध भय और शक पर आधारित हैं। हमने कई बार ख़बरों में पढ़ा है कि जायदाद, प्रेम या किसी भी मामले में बाप ने बेटे की, भाई ने भाई की या दोस्त ने दोस्त की हत्या कर दी।

हमारे दृष्टिकोण में इस बात का भय है कि वह 'दूसरा' हमें चोट पहुँचाएगा, हमारी कोई चीज़ ले जाएगा अथवा हमें वह काम करने से रोकेगा जो हम करना चाहते हैं।

जीवन के प्रति ऐसा दृष्टिकोण होना वैसे ही है जैसे डेमोक्लस की तलवार हमेशा हमारे सिर पर लटकी हो।

डायनोसियस II एक तानाशाह था जिसने कभी सायराक्युस पर राज्य किया था। डेमोक्लस उसके राज्य में दरबारी था। वह हमेशा डायनोसियस की प्रशंसा करता रहता था कि वह बहुत ताकतवर और भाग्यशाली राजा है। साथ ही वह राजा की संपत्ति और उसकी भव्य जीवन शैली पर टीका-टिप्पणी करता रहता था। जब डेमोक्लस ने हमेशा की तरह एक बार फिर वैसा ही किया तो राजा ने उसके समक्ष स्थान बदलने का प्रस्ताव रखा ताकि वह भी भाग्यशाली होने का अनुभव ले सके। डेमोक्लस इसके लिए तुरंत राज़ी हो गया। शाम को उसके सम्मान में एक भव्य भोज आयोजित किया गया जिसमें अपने को राजा के स्थान पर देखकर डेमोक्लस को बहुत ख़ुशी हुई। परंतु भोज के अंत में उसने देखा कि उसके सिर के ठीक ऊपर घोड़े के बाल से बंधी एक तलवार टंगी है। यह देखकर डेमोक्लस भय के मारे पीला पड़ गया, काँपने लगा और अपने होशोहवास खो बैठा। उसने तुरंत राजा से क्षमा माँगते हुए कहा कि वह भाग्यशाली नहीं होना चाहता और उसे अपनी सीधी-सादी ज़िंदगी ही पसंद है। डायनोसियस ने यह बात अच्छी तरह स्पष्ट कर दी कि राजा को किस तरह भय के साए में जीना पड़ता है और इस तरह जो व्यक्ति हमेशा भय

के साए में जीता है वह कभी खुश नहीं रह सकता।

हम नहीं जानते कि अगला क्षण क्या लाएगा और इसलिए हम भयभीत रहते हैं। हम नहीं जानते कि वह 'दूसरा' हमारा मित्र है या शत्रु। यदि हमारे सिर पर डेमोक्लस की तलवार हमेशा लटकी है तो हम ख़ुश कैसे रह सकते हैं।

साथ ही हम यह भी जानते हैं कि ख़ुश रहना ही हमारा असली स्वभाव है।

मनुष्यों को बचपन से यही सिखाया जाता है कि जीवन एक संघर्ष है।

जीवन का अर्थ 'दूसरे' से प्रतियोगिता करना और उनसे जीतना है। चाहे वह व्यवसाय में हो अथवा किसी खेल में। बचपन से ही हम अपने भाई बहनों से प्रतियोगिता में केक का बड़ा टुकड़ा अपने लिए चाहते हैं। इस प्रकार 'मैं' का 'दूसरे' के विरुद्ध होना ही हमारा स्वभाव हो गया है।

इस प्रकार यह बात बिल्कुल स्पष्ट है कि हम तब तक सच्ची खुशी पाने की आशा नहीं कर सकते जब तक 'दूसरे' के प्रति हमारा भयभीत होने वाला दृष्टिकोण रहता है। इसका अर्थ यह है कि दूसरे को अपना संभावित प्रतियोगी अथवा शत्रु समझने के दृष्टिकोण को छोड़ना। जिस दृष्टिकोण की जड़ें हमारे भीतर तक धंसी हैं, उसे छोड़ना कैसे संभव है। इस प्रकार सुख की तलाश का हमारा रास्ता यही बंद हो जाता है।

सिकंदर को भी एक बार इसी स्थिति का सामना करना पड़ा था जब उसके सामने सारे रास्ते बंद हो चुके थे। एक बहुत पुरानी यूनानी दंतकथा के अनुसार किसी ने भविष्यवाणी की थी कि भविष्य का राजा अपनी बैलगाड़ी में बैठकर यहाँ आएगा। गोर्डियस नाम के एक गरीब किसान ने ऐसा किया और उसका राज्याभिषेक कर दिया गया। कृतज्ञता के रूप में उसने अपनी गाड़ी यूनानी देवराज को समर्पित करते हुए बाज़ार के एक चौराहे पर मज़बुती से गाँठ मार कर बाँध दी। उस गाँठ को गोर्डियन गाँठ के नाम से जाना गया। वह गाँठ इतनी मज़बूत थी कि कोई भी उसे खोल नहीं पा रहा था। भविष्यवाणी यह थी कि जो भी उस गाँठ को खोल देगा, वह पूरे एशिया पर राज्य करेगा।

यह बात किसी से छुपी नहीं थी कि मेसिडोनिया के सिकंदर के जीवन का उद्देश्य ही यही था कि वह एशिया पर राज्य करे। इसके लिए उसके सामने बड़ी चुनौती गोर्डियन गाँठ को खोलना था। जब वह गाँठ के सामने स्थिर मन से खड़ा था तभी युवा सिकंदर के मन में अचानक एक प्रेरणा प्रकट हुई। उसने फुर्ति से अपनी तलवार निकाली और एक झटके में ही गाँठ को काट डाला। और इस प्रकार इतिहास गवाह है कि उपरोक्त भविष्यवाणी सत्य सिद्ध हुई।

इस प्रकार सुख की तलाश करते हुए हम स्वयं को ऐसे मोड़ पर पाते हैं जहाँ सभी रास्ते बंद हो जाते हैं। हम 'दूसरे' को हमेशा जिस दृष्टिकोण से देखते हैं, उस दृष्टिकोण को हम छोड़ कैसे सकते हैं? यदि हम 'दूसरे' को अपना प्रतियोगी या

शत्रु मानने का दृष्टिकोण छोड़ दें तो हम जीएंगे कैसे? फिर हम यह सोच कर आश्चर्यचकित रह जाएंगे कि 'मेरा' क्या होगा। यदि मैं 'दूसरे' को संभावित खतरा नहीं मानता तो मेरी उससे रक्षा कौन करता? क्या इसका यह अर्थ है कि मैं उस 'दूसरे' को पूरी आज़ादी देकर वह जो भी करना चाहे, उसे करने दूँ? यदि मैं जो चाहता हूँ, वह मुझे प्राप्त करने में रोकता है तो क्या होगा? यदि वह मुझे किसी अन्य तरीके से चोट पहुँचाता है तो क्या होगा? क्या इसका अर्थ यह है कि वह मेरे साथ जो चाहे करे पर मैं उसे अपना मित्र ही मानता रहूं। इस दृष्टिकोण को छोड़ने का अर्थ यह हुआ कि वह 'दूसरा' जो भी करे, मैं उसके सामने असहाय और दयनीय बनकर समर्पण कर दूँ। कोई यह बात कैसे मान सकता है? क्या ऐसा कोई समाधान नहीं है जो मुझे इस दुविधा से निकाल सके?

अतः यही वह गोर्डियन गाँठ है जिसका सामना सुख की तलाश करते हुए हम सबको करना होता है। कोई भी इस गाँठ को कैसे खोल सकता है और वह सच्चा सुख पा सकता है जिसकी उसे तलाश थी? वह तलवार कहाँ है जो इस गाँठ को काट सकती है?

भगवान बुद्ध की ज्ञान रूपी तलवार

"कर्म हो रहे हैं पर कोई कर्ता यहाँ नहीं है।"*

— गौतम बुद्ध

* विशुद्धि मग्गा XVI, उद्धृत् BD12, बुद्धिज़्म A से Z, 'नो सेल्फ',
रोनाल्ड एपस्टेन द्वारा संकलित।

"कर्म हो रहे हैं पर कोई कर्ता यहाँ नहीं है।" इस कथन का क्या अर्थ है? इसका सीधा अर्थ यह है कि घटनाएं घटित होती हैं, कर्म किए जाते हैं, परिणाम सामने आते हैं पर कर्ता कोई नहीं है। इसका अर्थ यह भी है कि दैनिक जीवन में जो भी घटित हो रहा है, वह ईश्वर की इच्छा से अथवा अलौकिक कानूनों के द्वारा हो रहा है। कोई भी घटना किस पर प्रभाव डालती है और वह अच्छे के लिए होता है या बुरे के लिए, यह भी ईश्वर की इच्छा या दिव्य शक्ति के अनुसार होता है। कोई व्यक्ति कुछ 'करने' में समर्थ नहीं है। सभी एक माध्यम हैं जिनके द्वारा ईश्वर की इच्छा अथवा अलौकिक नियम के अनुसार जीवन घटित होता है।

यदि हम इस अवधारणा को स्वीकार करने में समर्थ हैं तो 'दूसरे' का हमारा प्रतियोगी या शत्रु होने का प्रश्न ही नहीं उठता। इसका अर्थ है कि 'दूसरे' के साथ हमारे संबंध पूर्णतः सद्भावपूर्ण हो सकते हैं क्योंकि हमें निरंतर इस बात का भय नहीं रहेगा कि 'दूसरा' हमें हानि पहुँचाएगा। बुद्ध के सादगी से भरे ये शब्द एक ही तेज़ झटके में 'दूसरे' के प्रति सारी प्रतियोगिता तथा शत्रुता को समाप्त कर देते हैं।

तब यदि हम इस बात को स्वीकार करने में समर्थ हैं कि सभी कुछ ईश्वर की इच्छा या अलौकिक नियम के अनुसार होता है न कि किसी व्यक्ति के 'करने' से, तो कुछ महत्वपूर्ण परिणाम सामने आते हैं:

1. यदि जो भी घटित हुआ है, वह मेरे द्वारा नहीं किया गया है पर वह कुछ ऐसा है जो घटित होना ही था तो जो भी मेरे द्वारा किया गया प्रतीत हो रहा है, वह वास्तव में वही है जो भगवान मुझसे करवाना चाहता था। इसका अर्थ यह है कि मैं कभी कोई ग़लती नहीं कर सकता। और इससे भी महत्वपूर्ण बात यह है कि मैं कभी भी कोई पाप नहीं कर सकता। जिस समाज में हम रहते हैं, यदि मेरे द्वारा किए गए प्रतीत होते कार्य उनके द्वारा बुरे समझे जाते हैं तो उनके प्रचलित रीति रिवाज़ों तथा कानून के अंतर्गत मुझे सज़ा मिलेगी। साथ ही क्योंकि मुझे इसी समाज में रहना है तो मुझे सज़ा भी भुगतनी पड़ेगी और परिणामास्वरूप उस क्षण में पीड़ा भी झेलनी होगी। परंतु किसी 'पाप' के लिए मुझे भगवान से सज़ा मिलने का भय नहीं होगा। इस तरह की स्पष्ट समझ होने से मैं पूरा जीवन ईश्वर को अपने जन्मदाता के रूप में प्रेम कर सकता हूँ और फिर भगवान के डर के बिना मर भी सकता हूँ।

2. यदि कुछ ऐसा घटित होता है जिससे मुझे चोट पहुँचती है तो मुझे चोट लगना ईश्वर की इच्छा है। किसके द्वारा मुझे चोट पहुँचाने वाली घटना घटित होती है, इस बात

का कोई महत्व नहीं है। इसके विपरीत यदि मुझे चोट नहीं पहुँचनी है तो विश्व की कोई ताकत मुझे चोट नहीं पहुँचा सकती। दूसरों ने जो किया अथवा नहीं किया, उसके लिए न तो मैं उन्हें दोषी ठहरा सकता हूँ और न उन्हें भला बुरा कह सकता हूँ। कुछ उपलब्धियाँ प्राप्त करने पर मैं ख़ुश हो सकता हूँ पर इसके लिए मुझे अहंकार या अकड़ नहीं दिखानी चाहिए। साथ ही मेरे द्वारा कथित रूप से किए बुरे कर्मों के लिए मुझे पछतावा हो सकता है पर मुझे न तो स्वयं को दोषी मानना चाहिए और न स्वयं पर शर्म आनी चाहिए।

3. यदि न तो 'मैं' या कोई 'दूसरा' वह नहीं कर सकता जो भगवान नहीं चाहता कि हम करें तो हमें स्वयं को अथवा दूसरे को घृणा करने की कोई आवश्यकता नहीं है। अपने को या दूसरे को घृणा न करने का सीधा अर्थ मन की शांति है और मन की शांति द्वारा प्राप्त खुशी को संस्कृत में परंपरागत रूप में सुख-शांति के रूप में जानते हैं। यही जीवन का उद्देश्य भी है। हर मनुष्य यही मन की शांति चाहता है चाहे उसे मालूम हो या नहीं। यह मन की शांति – दुख का न होना है।

मन की शांति का आधार

इस सुख शांति का आधार क्या है? यह मन की शांति किसके लिए है? इसका उत्तर यही हो सकता है कि यह 'मेरे' लिए ही है। और यह 'मैं' क्या मेरे अहम् से अलग है? यही मन की शांति का सारतत्व और महत्व है जो मेरा अहम् चाहता है। यदि कोई भी कुछ नहीं 'करता' तब सभी कुछ स्रोत या भगवान, आप चाहे इसे किसी भी नाम से पुकारें, द्वारा किया जाता है, तब अहम् क्या है? स्रोत ही अहम् बनकर विभिन्न माध्यमों (तुम, मैं, कोई स्त्री या पुरुष) के द्वारा कार्य करता है। अतः अहम् की पहचान किसी नाम या आकार द्वारा की जाती है। अतः यह स्पष्ट हो जाता है कि वास्तव में अहम् और ईश्वर एक ही है। फिर ईश्वर ने छः बिलियन अहम् क्यों पैदा किए? ऐसा इसलिए है क्योंकि मेरे और दूसरों के बीच संबंध होना ही दैनिक जीवन का आधार है। दैनिक जीवन के संचालन के लिए दो या दो से अधिक की आवश्यकता होती है। भले ही उसका स्रोत एक ही होता है। इस प्रकार अद्वैत स्रोत स्त्री, पुरुष, अच्छा, बुरा, सुंदर, कुरूप, अमीर, गरीब, स्वास्थ्य, बीमारी, सफल, असफल और इस प्रकार के अनेक रूपों द्वारा द्वैत हो जाता है। जहाँ गरीबी होगी, वहाँ अमीरी होगी, जहाँ स्वास्थ्य होगा, वहाँ बीमारी भी होगी और

जहाँ संत होंगें, वहाँ शैतान भी होंगे। इस प्रकार एक के साथ दूसरे का होना भी अनिवार्य है।

हम सब में अहम् है (यहाँ तक कि एक साधु में भी अहम् है)। उसको उसके नाम से बुलाने पर वह उत्तर देता है। परंतु एक सामान्य व्यक्ति के अहम् और साधु के अहम् में केवल इतना अंतर है कि साधु के भीतर से व्यक्तिगत कर्ता भाव जड़ से समाप्त हो चुका होता है। साधु यह जानते हैं कि सब कुछ ईश्वर की करनी से ही हो रहा है न कि किसी अन्य की।

जिस प्रकार बिजली अनेक उपकरणों के माध्यम से कार्य करती है, उसी प्रकार ईश्वर करोड़ों तरह के अहम् के माध्यम से कार्य करता है। हम वह उपकरण हैं जिसके द्वारा ईश्वर कार्य करता है। वास्तव में व्यापक भाईचारे का यही अर्थ है। यही ऊर्जा हम सबके माध्यम से वह सब परिणाम लाती है जो होने चाहिए थे।

एक कहानी है जो बताती है कि ईश्वर हम सब के माध्यम से कैसे कार्य करता है। सिकंदर भारत पर अपने आक्रमण के दौरान अनेक साधु संतों से मिला और भारतीय दर्शनशास्त्र में भी रुचि लेने लगा। जब वह तक्षशिला पहुँचा तो उसने अपना संदेशवाहक भेज कर वहाँ के साधु दंडामिस को बुलवा भेजा। संदेशवाहक ने दंडामिस को जंगल में पाया और उन्हें बताया कि जियस के बेटे सिकंदर ने उन्हें बुलाया है। यदि उन्होंने सिकंदर के आदेश का पालन किया तो वह उन्हें बहुमूल्य उपहारों से लाद देगा और यदि उन्होंने ऐसा नहीं किया तो

वह उनका सिर काट देगा। इस पर योगी ने शांति से उत्तर दिया कि सिकंदर की भाँति वह भी जियस के बेटे हैं। उन्हें सिकंदर से कुछ भी नहीं चाहिए और उन्हें जो भी चाहिए होता है, वह पृथ्वी माता उन्हें प्रदान कर देती है। यदि सिकंदर उनसे मिलना चाहता है तो उसे उनसे मिलने जंगल में आना होगा। संदेशवाहक से योगी का संदेश सुनकर सिकंदर की योगी से मिलने की इच्छा और भी तीव्र हो गयी क्योंकि उसे लगा कि आखिरकार अब उसे अपने जैसा कोई व्यक्ति मिला है।

सद्भावपूर्ण संबंध ही हमारे अहम् को मन की शांति पहुँचा सकते हैं। सद्भावपूर्ण संबंध इस बात पर निर्भर करते हैं कि हम इस बात को पूर्णतः स्वीकार कर लें कि अपनी इच्छा से कोई कुछ भी नहीं कर सकता। जीवन में जो भी होता है, उस पर किसी का नियंत्रण नहीं होता। वह ईश्वर की इच्छा या अलौकिक शक्ति के अनुसार होता है।

दैनिक व्यावहारिक जीवन में इसका क्या अर्थ है? हम अपना प्रतिदिन का जीवन कैसे जीते हैं? इसका उत्तर बहुत सरल है। किसी भी परिस्थिति में मैं अपना जीवन वैसे ही जीता हूँ जैसा मुझे सही लगता है। यही पूर्ण स्वेच्छा है। बाद में मुझे लगता है कि जो भी हो रहा है, वह मेरे नियंत्रण में नहीं है। वह सब ईश्वर की इच्छा के अनुसार हो रहा है। किसी भी स्थिति में इस बात को पूर्ण रूप से स्वीकार कर के मैं अपनी इच्छानुसार कार्य करता हूँ और फिर जो भी होता है, उसे देखकर न स्वयं को दोष देता हूँ और न किसी अन्य को।

दूसरे शब्दों में यह जानते हुए भी कि वास्तविक कर्ता ईश्वर ही है, मैं स्वयं को कर्ता मान कर कार्य करता हूँ। किसी भी स्थिति में मैं यह जानते हुए निर्णय लेता हूँ कि परिणाम हमारे हाथ में नहीं हैं। इसका यह अर्थ है कि स्रोत से अलग हुए बिना जिन परिस्थितियों में मुझे रखा गया है, उसमें मेरा अहम् अर्थात मैं अपना जीवन व्यतीत कर सकता हूँ। यदि हम पूर्ण रूप से यह स्वीकार कर लें कि कर्ता कोई नहीं है तो यह संबंध टूट नहीं सकता।

स्रोत से जुड़े रहने का अर्थ इस बात के प्रति सजग रहना है कि चाहे हम उस क्षण में खुश हो रहे हों या दुखी हो रहे हों, 'मैं' वास्तव में कुछ नहीं है। जो भी है वह स्रोत ही है। अतः हमें यह बात याद रखनी चाहिए कि किसी परिस्थिति में जो भी करना आवश्यक है, भले ही वह मुझे ही करना है परंतु अंत में सभी कार्य ईश्वर की इच्छा से ही होते हैं। जीवन में सुख शांति का यही आधार है।

"व्यक्तिगत 'मैं' से व्यापक 'मैं' में केंद्रित हो जाओ
स्रोत से अलग मत हो।"

— रमेश बलसेकर

तलवार ने आर्थर को राजा चुना

बहुत समय पहले ब्रिटेन में उथर नाम का एक महान राजा रहता था। उसकी मृत्यु पर बहुत से राजाओं और राजकुमारों के बीच उसकी गद्दी के उत्तराधिकारी बनने की बात पर वादविवाद खड़ा हो गया। राजा उथर का एक बेटा भी था जिसका नाम आर्थर था। युवा आर्थर ही गद्दी का उत्तराधिकारी था परंतु किसी को भी उसके बारे में पता नहीं था। आर्थर जब बच्चा था तभी जादूगर मर्लिन उसे चुपचाप वहाँ से ले गया था क्योंकि शत्रुओं से उसकी जान को ख़तरा था। मर्लिन राजकुमार का गुरु था और वह यह जानता था कि वह दिन अवश्य आएगा जब आर्थर ब्रिटेन पर राज्य करेगा।

एक दिन आर्थर जब कोई तलवार ढूँढ़ रहा था जिसकी उसके भाई को प्रतियोगिता के लिए आवश्यकता थी तो उसे पत्थर में जड़ी हुई एक तलवार मिली। बिना किसी प्रयास के उसने उसे बाहर निकाला और उसे अपने भाई को दे दिया। उसे इस बात का पता ही नहीं था कि बहुत से लोगों ने उस तलवार को निकालने का प्रयास किया था पर उसमें वह सफल नहीं हुए थे। उस पत्थर पर यह लिखा था कि जो भी उस पत्थर से तलवार को बाहर निकालेगा, वही राजा बनेगा।

आर्थर के साथ वाले लड़के को विश्वास ही नहीं हुआ कि आर्थर ने इतनी आसानी से पत्थर से तलवार निकाल ली। तलवार को दुबारा उस पत्थर में रखा गया और सभी ने उसे बाहर निकालने का प्रयत्न किया पर कोई भी उसे बाहर नहीं निकाल सका। तब वापिस आर्थर ने एक झटके से तलवार को बाहर निकाल दिया।

मर्लिन ने ऐसा इंतज़ाम कर के रखा था कि तलवार असली और नकली राजा के अंतर को पहचान सके। तलवार उस व्यक्ति को चुनेगी जो उसे चलाएगा, भले ही दूसरे लोग उसे पत्थर से खींचने का कितना भी प्रयास क्यों न करें। अतः आर्थर को राजमुकुट पहनाया गया।

यह समझना भी ज़रुरी है कि किसी भी कार्य का कोई कर्ता नहीं होता। आपने इस पुस्तक में जो पढ़ा है, वह आपको एक नयी समझ देता है। या तो वह आपकी पुरानी समझ में सुधार या परिवर्तन लाएगा या पूरी तौर से उसको बदल देगा। वह आपके जीवन को देखने के दृष्टिकोण को भी पूरी तरह बदल सकता है। जब आप दैनिक जीवन की विभिन्न स्थितियों का सामना करते हैं तो यह समझ कि आप कर्ता नहीं हैं, अपने आप आ जाती है। न तो आपको इसको कहीं से खींच कर लाना होता है और न हटाना होता है। जब आपको लगता है कि आप दूसरे को या स्वयं को दोषी मान रहे हैं तो आपका दिमाग अलग तरह के नाटकों और कहानियों में आपको उलझा देता है। फिर आप यह पाते हैं कि आपके अंदर अपने आप समझदारी आती है और कार्यों से आपका लगाव समाप्त

हो जाता है। आप कर्ता नहीं हैं, यह समझदारी पाने के लिए
आप कुछ भी नहीं कर सकते। और जब आप कर्ता हैं ही
नहीं तो आप यह कर भी कैसे सकते हैं। इसलिए आप को
चिंता नहीं करनी चाहिए कि आपको इस समझदारी का प्रयोग
करना है। ऐसा इसलिए है कि कोई भी कुछ नहीं 'करता' है
और आप भी नहीं। पत्थर में तलवार की तरह समझदारी अपने
तरीके से आपको चुनती है। हालाँकि आपका अगली सोच पर
भी नियंत्रण नहीं है। फिर भी जब आप इस लगातार सोच
विचार से "जुड़" जाते हैं तो आप यह पाएंगे कि हर बार उस
सोच से अलग होते जाते हैं। अंत में आप पाते हैं कि आप
उस सोच से पूरी तरह अलग हो गए हैं।

किसी मंत्र की तरह आपको अपने आपको बार-बार न तो
याद दिलाने की ज़रुरत है और न लगातार दोहराने की। एक
बार आप इसको समझ लेते हैं तो यह वही देता है जो आपके
स्वभाव में है – सच्चा सुख। यह मंत्र अपने आपको बार-बार
दोहराता है। सुख के लिए यह महामंत्र है।

"बिना किसी को दोष दिए केवल साक्षी भाव से
किसी के माध्यम से वह घटित होते हुए देखो
जिसका ईश्वर की इच्छा या अलौकिक नियमों के अनुसार
घटित होना पहले से ही सुनिश्चित था।"

— रमेश बलसेकर

तलवार को समुराई की आत्मा माना जाता है क्योंकि तलवार चलाने से ही समुराई को अपने अस्तित्व की पहचान होती है। हमारे लिए अंतर्ज्ञान प्राप्त करने के लिए बुद्ध की शिक्षा से जुड़ना ही काफ़ी है। बिना कुछ किए ही उनके विचारों का हम पर प्रभाव पड़ता है ठीक उसी तरह जैसे त्वचा का रंग बदलने के लिए केवल धूप सेंकना ही काफ़ी है। मान लीजिए कि बुद्ध की तलवार ने आपको ढूँढ़ लिया है। अब इसकी ऊर्जा स्वयं ही आपके दैनिक जीवन पर प्रभाव डालेगी।

निष्क्रियता जीवन को आसान तो नहीं बनाती पर सीधा-सादा अवश्य बना देती है। जिसे हम शुरू में सिद्धांत के तौर पर दिमाग से सोचते हैं बाद में वह भावना के रूप में दिल में उतर जाता है। जीवन को अपने आप घटित होने देना, उसके प्रवाह में बहना और दिल से जीना, यही जीने की कला है। बुद्ध की रोशनी की तलवार के प्रभाव से हमें यह ज्ञात होता है कि सभी घटनाएं किसी की करनी नहीं बल्कि अलौकिक घटनाएं हैं।

जीवन का सार

मैने यह पाया है कि बुद्ध की शिक्षा का मेरे दैनिक जीवन पर सीधा प्रभाव पड़ा है। यदि ऐसा नहीं होता तो वह अन्य सिद्धांतों की भाँति केवल शब्दों के समूह के अतिरिक्त कुछ भी न होते। धर्मशास्त्रों एवं दर्शनशास्त्र का तब तक कोई महत्व नहीं है, जब तक वे आपके दैनिक जीवन को प्रभावित नहीं करते। विभिन्न परिस्थितियों में बुद्ध की शिक्षा काम आती है। मंजुश्री की तलवार की भाँति ज्ञानोदय, विचारशील मन के स्वभावगत गैरज़रूरी बंधनों को काट देता है। आर्चएंजल माइकल की धार की भाँति ये कर्ताभाव को काट देता है जिसने हमें बेमतलब के बंधनों से बाँधा होता है। यह ज्ञानोदय दूसरों से रिश्ते सुधारने में महत्वपूर्ण भूमिका अदा करता है। इससे हम सहज रूप से लोगों से जुड़ जाते हैं और जहाँ ऐसा नहीं होता, वहाँ बिना किसी की भावनाओं को ठेस पहुँचाए हम उनसे असहमत भी हो सकते हैं। यह कार्यक्षेत्र की विभिन्न परिस्थितियों में लाभदायक सिद्ध हुआ है। इसके एक उदाहरण के रूप में मैं आपको एक किस्सा सुनाता हूं। कुछ वर्ष पहले हमारी छोटी सी कंपनी के जनरल मैनेजर ने कंपनी का 40,000/- डॉलर का ग़बन किया। पहले तो यह सुनकर सबको झटका लगा और विश्वास भी नहीं हुआ।

पर इस सब पर समय व्यर्थ करने के स्थान पर हमें यह सोचना था कि इस समस्या का हल कैसे निकाला जाए। हमने उसके ख़िलाफ अदालत में मामला दायर कर दिया। पर हमने इस बात पर ज़्यादा ध्यान केंद्रित किया कि उसके इस कार्य से बाज़ार में हमारे उपर चढ़े कर्ज़े को उतारने के लिए धन किस प्रकार जुटाया जाए। हमें आगे बढ़ने के लिए यह सावधानी भी बरतनी थी कि कोई फिर से ऐसा न करे। साथ ही यह समझने से कि विश्व की कोई भी ताकत ऐसा होने को रोक नहीं सकती थी, हमें फालतू का तनाव भी नहीं था। उसकी इस 'करनी' के लिए हम उसे दोषी भी नहीं ठहरा सकते थे क्योंकि हम नहीं जानते थे कि किन कारणों से उसने ऐसा किया। इसमें कर्ताभाव हटाने से मन में फिज़ूल की सोच भी हट गई। मैं ही क्यों? मैने क्या ग़लत किया? मेरे साथ ही ऐसा क्यों हुआ? इतने सालों बाद उसने मेरे साथ ऐसा क्यों किया? मेरे दिमाग में इस तरह के बेमतलब सवाल नहीं होने से मुझे समस्या को सुलझाने के लिए ज़्यादा समय मिला। कई बार तो मुझे यह सोचकर हैरानी होती थी कि क्या मैं समस्या को गंभीरता से सुलझा रहा था या नहीं?

कई बार यह सोचकर दुख होता था कि जो इतने सालों से मेरे साथ था, उसने मुझे धोखा दिया। पर मैने उसे दोष देने और कोसने में ज़्यादा वक्त बर्बाद नहीं किया। हमारे लिए इस समस्या को सुलझाना एक चिंता का विषय ज़रूर था पर मैं केवल साक्षी भाव से घटनाओं का घटित होना देख रहा था। इतने बड़े नुकसान की भरपाई होने में काफ़ी वक्त लगा पर इस मामले में घटनाएं जिस गति से हो रही थीं,

उसका फैसला मैने नहीं किया था। इन घटनाओं पर कोई प्रतिक्रिया किए बगैर प्रत्येक परिस्थिति को मैने सहज भाव से लिया। बहाव के विपरीत बहने से बहाव के साथ बहना ज़्यादा आसान है। मैं ईश्वर का आभार मानता हूँ कि मुश्किल की ऐसी घड़ी में मेरे भीतर ऐसा ज्ञानोदय हुआ। कभी-कभी कुछ निरर्थक परिस्थितियों में भी यह ज्ञानोदय जाग्रत होता है। एक रेस्टोरेंट में जब वेटर ने ठीक से आर्डर नहीं लिया तो गुस्से के स्थान पर अगले विचार से मुझे हँसी आ गई कि वेटर ऐसा क्यों कर रहा है? ऐसे ही एक बार एक गुस्सैल और झगड़ालू ग्राहक के साथ मेरी मीटिंग थी। मैं जानता था कि उस व्यक्ति के साथ व्यापार करने से हमारे कर्मचारियों को मुश्किलों का सामना करना पड़ेगा। पर फिर भी मैं सहज रूप से उससे मिला क्योंकि उससे मेरा कोई व्यक्तिगत झगड़ा नहीं था। उसके कुछ हालातों के कारण ही वह ऐसा बना होगा। वरना वह ऐसा क्यों करता?

एक टैक्सी ड्राइवर कड़क स्वभाव का होना क्यों पसंद करेगा? सोचिए, मुंबई की प्रदूषण भरी सड़कों में भारी ट्रैफिक जाम में वह कैसे गाड़ी चलाता है? कोई भी ग्राहक गाड़ी में बैठते समय उससे मुस्करा कर बात नहीं करता। हम जैसे हैं, क्या हम सब को वैसा ही नहीं बनाया गया (जीन तत्व तथा परिस्थितियाँ)। यह समझ आने पर 'मुझे' 'दूसरे' से कोई शिकायत नहीं रहती। हमें किसी से शिकायत हो भी कैसे सकती है जब सभी कुछ ईश्वर की इच्छा से हो रहा है न कि किसी दूसरे की करनी से।

क्या यह हैरानी की बात नहीं है कि जब हमें रास्ते में किसी चीज़ से टकराने से चोट पहुँचती है तो हम उस चीज़ को कोसते या गाली नहीं देते। पहले हम इस बात पर ध्यान देते हैं कि कहीं हमें चोट तो नहीं लगी। और यदि हमें चोट लगी है तो हम उसे ठीक करने के उपाय ढूँढ़ते हैं। परंतु यदि कोई व्यक्ति हमें पसंद न आने वाली कोई बात 'करता' या 'केवल कहता' भी है तो हम गुस्से में आगबबूला होकर उसे बुरा भला कहने लगते हैं।

इससे मुझे एक मज़ेदार किस्सा याद आ रहा है। एक बार बुद्ध को एक व्यक्ति पूरा दिन गालियाँ देता रहा। बुद्ध जहाँ भी जाते, वह भी उनके पीछे जाता रहा। उन्हें बुरा भला कहते हुए वह कहता रहा कि बुद्ध ने ही पूरे समाज को बिगाड़ा है। ऐसा पूरा दिन चलता रहा परंतु बुद्ध ने उसकी गालियों के बदले कोई प्रतिक्रिया नहीं की। दिन ढ़लने पर उस व्यक्ति ने थक कर बुद्ध से पूछा कि उन्होंने उसके गाली देने पर भी उसे कुछ भी उल्टा-सीधा क्यों नहीं कहा? इस पर बुद्ध ने कहा कि अगर हम किसी को उपहार देते हैं और वह उसे स्वीकार नहीं करता तो उपहार देने वाले के पास ही रहता है। इसी प्रकार जब उन्होंने उसकी गालियों का जवाब नहीं दिया तो गालियाँ, देने वाले के पास ही रहीं। उन्होंने उसे स्वीकार ही नहीं किया।

प्रतिदिन मैं जानता हूँ कि:

हम साँस लेने का चुनाव नहीं करते, यह अपने आप घटित होती है। इसी प्रकार जीवन भी घटित होता है इसलिए हम उसे बहने देते हैं। जब हम जीवन के प्रवाह में रहते हैं तो हम जानते हैं कि हमें क्या करना है। उसके परिणाम को हम ईश्वर पर छोड़ देते हैं। किसी से कुछ आशा करने का अर्थ निराशा को दावत देना है।

यदि 'अपने' 'सर्वश्रेष्ठ' के मापदंड के अनुसार मैने अपनी तरफ से सर्वश्रेष्ठ प्रयास किया है तो ईश्वर भी मुझसे इससे ज़्यादा की उम्मीद नहीं कर सकता। ऐसा इसलिए है कि ईश्वर की इच्छा ही मेरे माध्यम से मेरी इच्छा के रूप में काम कर रही है। मैने यह बात समझ ली है कि हमें बिना किसी को चोट पहुँचाए जीवन के प्रवाह का आनंद उठाना चाहिए।

मेरा ईश्वर में पूरा विश्वास है। इसका अर्थ यह है कि मैं यह स्वीकार करता हूँ कि सब कुछ ईश्वर की इच्छा से ही हो रहा है। इस बात से कोई फर्क नहीं पड़ता कि चाहे उससे मेरा भला हो या बुरा। यदि इससे मेरा बुरा होता है तो मैं ईश्वर से प्रार्थना करूँगा कि वह मुझे इसे सहने की शक्ति दे।

वैसे भी कौन यह जानता है कि क्या 'अच्छा' है और क्या 'बुरा' है। आज जो बात बुरी लग रही है, हो सकता है कल वही हमें किसी आशीर्वाद की तरह अच्छी लगे या फिर बुरी भी लग सकती है। इसलिए मैं किसी भी स्थिति के बारे में कोई

फैसला नहीं करता क्योंकि मुझे उसके बारे में पूरी जानकारी नहीं है। वक्त ही सब कुछ तय करेगा। इसलिए बिना कुछ किए मैं सब कुछ भगवान पर छोड़ देता हूँ।

'भगवान पर विश्वास' की बात से मुझे एक कहानी याद आती है जो दिखाती है कि सच्चा विश्वास क्या होता है। एक छोटे शहर में बारिश न होने के कारण खेत सूख गए थे। इससे लोग बहुत परेशान थे और उम्मीद से आकाश की तरफ नज़रें गढ़ाए थे। दिन हफ्तों में बदल गए पर फिर भी बारिश के कोई आसार नज़र नहीं आ रहे थे। एक बार चर्च के सभी मुख्य अधिकारियों ने शहर के चौराहे पर सभी को एक घंटे की प्रार्थना के लिए न्यौता दिया।

उन्होंने सबसे अनुरोध किया कि अलौकिक प्रेरणा के लिए विश्वास देनेवाला कोई सामान लाएं। नियत दिन की दोपहर को शहर का चौराहा लोगों से भरा हुआ था जिनके चेहरे भले ही निराश दिख रहे थे पर जिनके हृदय में आशा थी। चर्च के अधिकारियों ने देखा कि लोगों के प्रार्थना में जुड़े हाथों में भगवान के विश्वास से जुड़ी तरह तरह की चीज़ें थीं। किसी के हाथ में पवित्र किताबें, किसी के हाथ में पूजा की माला या क्रास थे और वह सभी प्रार्थना कर रहे थे।

जब एक घंटा पूरा हो गया तो जैसे किसी अलौकिक आदेश से हल्की हल्की बूँदाबाँदी होने लगी। भीड़ ने खुशी से अपने हाथों में रखे पूजा के सामान को ऊपर उठाया। वे जैसे इस प्रकार भगवान की प्रशंसा कर के उसके प्रति आभार प्रकट

कर रहे थे। भीड़ के बीच में विश्वास की एक सबसे अलग चीज़ नज़र आई। एक छोटी लड़की ने अपना छाता खोला।

मुश्किल और ख़ुशी दोनों समय में मैं अपने आपको याद दिलाता हूँ कि यह समय भी निकल जाएगा। अब यह याद दिलाना स्थायी जानकारी के रूप में मेरे भीतर गहराई तक उतर गया है। अब मैं यह समझ गया हूँ कि स्रोत ही हर जगह है और वही स्थायी है। उसके अतिरिक्त कुछ भी महत्वपूर्ण नहीं है। इसलिए मेरा स्रोत से जुड़े रहना ही सबसे अधिक महत्वपूर्ण है। मैं तब तक स्रोत से जुड़ा रहता हूँ जब तक मैं पूर्ण रूप से यह स्वीकार नहीं कर लेता हूँ कि केवल ईश्वर ही हर काम का कर्ता है और इसमें मेरे अथवा किसी दूसरे की कोई करनी नहीं है।

मैने पाया कि मेरा 'मैं' का बोझ यह समझने के बाद समाप्त हो गया। तब मुझे रमण महर्षि के शब्द याद आए, "दैवीय इच्छा की शक्ति को पहचानो और शांत रहो। ईश्वर सभी का ध्यान रखता है।" मैं यह जानता हूँ कि सभी में हमारे शत्रु भी आते हैं। जब मैं जानता हूँ कि सभी कुछ ईश्वर की इच्छा से हो रहा है तो किसी से नफरत करने का सवाल ही नहीं उठता।

मैं सुबह जब उठता हूँ तो मुझे अपने मित्र रोहित की प्रार्थना याद आती है। वह रोज़ सुबह उठ कर अपने आप से कहता है, "प्रिय रोहित, वादा करो कि तुम अपने रास्ते की बाधा ख़ुद नहीं बनोगे।" यह एक बहुत ही कमाल की प्रार्थना है क्योंकि हम अपने ही विचारों की परछाईयों में उलझे रहते हैं जिससे

जीवन के सहज प्रवाह में बाधा पड़ती है। यही विचार हमारे सबसे बड़े शत्रु बन जाते हैं। हमारे माध्यम से भगवान की इच्छा पूरी होने के लिए यह भगवान को आभार प्रकट करने वाली ज़बरदस्त प्रार्थना है।

शाम को जब मैं पूरे दिन की घटनाओं को याद करता हूँ तो अपने आप एक मुस्कान मेरे चेहरे पर आ जाती है। मैं यह समझ लेता हूँ कि पूरे दिन में मैने परिस्थितियों का सामना बड़े धैर्य से किया। बहुत अच्छे क्षणों में मैं बहुत ख़ुश नहीं हुआ और परेशानी के क्षणों में मैं अधिक दुखी भी नहीं हुआ। यह धैर्य एक स्वाभाविक भावना है जिसे हम ख़ुशी और दुःख के क्षणों में अनुभव करते हैं। ख़ुशी के क्षण जल्दी से समाप्त हो जाते हैं और दुख के क्षण लंबे लगते हैं। पर जब मैं सोचता हूँ कि गरीबी की रेखा के नीचे रहने वाले करोड़ों लोगों के मुकाबले मेरा दुख कुछ भी नहीं है तो मेरा दर्द घटता हुआ महसूस होता है।

रात को जब मैं बिस्तर पर सोने के लिए लेटता हूँ तो मैं जानता हूँ कि बुद्ध की तलवार मेरे साथ है। आने वाला कल एक नया दिन है जहाँ मुझे और परेशानियों से लड़ना होगा। पर अब चुनौतियों का सामना करने के लिए मैं पहले से ज़्यादा तैयार हूँ क्योंकि बुद्ध ने उपहार में मुझे यह तलवार दी है जो मेरे दिमाग में हर समय रहने वाले दुख और परेशानियों को काट देती है और साथ ही हमेशा उठने वाले विचारों जैसे नफरत, बुराई, निंदा, शर्म आदि को भी हटा देती है जो फिज़ूल में मेरे दिमाग को घेरे हुए थे और जिनसे कुछ भी हासिल होने वाला नहीं था।

सुबह उठकर मैं तरोताज़ा महसूस करता हूँ। मैं बुद्ध की तलवार लेकर युद्ध के लिए तैयार हूँ पर अब मैं पाता हूँ कि युद्ध की आवश्यकता ही नहीं है। यह ज्ञान मेरे हृदय में गहराई से उतर गया है। जीवन आसान न भी बन जाए पर सीधा-सादा ज़रूर बन गया है। मैं प्रार्थना करता हूँ कि बुद्ध की तलवार आपके जीवन के अंधेरे रास्तों में आपको रोशनी प्रदान करे और हमारे मन में सदा रहने वाले कर्ताभाव की ज़ंजीरों से हमें मुक्त कर दे जिसमें हम हमेशा जकड़े रहते हैं।

कष्टों को दूर करने वाले बुद्ध के इस अमूल्य उपहार के लिए उनके प्रति कृतज्ञता का भाव जागता है। 2500 वर्ष बाद भी हमारे दिमाग में कर्ताभाव के अंधेरे को दूर करने के लिए उनका संदेश रोशनी की मशाल बनकर आता है।

जीवन – एक नया नज़रिया

तलवार का इक्का एक नई शुरुआत का पत्ता है जिससे जिंदगी को एक नए नज़रिए से देखा जा सकता है। यह नई शुरुआत फिनिक्स पक्षी के राख से नया जन्म लेने की भाँति है। पुराने से नई जिंदगी कैसे शुरू होगी? क्या यह शायद जीवन और जीने को नए नज़रिए से देखने से हो सकता है?

बिल्कुल। यह सच है कि हमारे जीवन को देखने के नज़रिए में बदलाव से ही यह संभव हो सकता है। ऐसा होने के लिए हमारे मन में यह स्पष्ट होना चाहिए कि हम जीवन से क्या चाहते हैं?

अब हमें मालूम हो गया है कि वास्तव में हम मन की शांति के द्वारा ही ख़ुशी पाना चाहते हैं। हाफिज़ कहते हैं कि ख़ुशी हमें गलियों में ढूँढ़ रही है। अब जब यह आएगी तो हम किसी और दिशा में नहीं देखेंगे बल्कि हमारा इंतज़ार करती ख़ुशी को बाँहे फैलाकर गले लगाएंगे।

समापन

हाल ही में मैने रमेश से पूछा कि क्या वह कुछ नया लिख रहे हैं। उन्होंने बताया कि उन्होंने थोड़ा बहुत कुछ लिखा है। उन्होंने मुझे कुछ पन्ने दिए जिन पर उन्होंने जीवन के उद्देश्य के बारे में लिखा था। उसमें सच्ची ख़ुशी – सुख शांति क्या है, इसके बारे में स्पष्ट रूप से लिखा था न कि उस आनंद के बारे में जो दुनियावी ख़ुशियों पर निर्भर करता है। उसे पढ़ने पर उसकी स्पष्टता देख कर मैं हैरान रह गया। घर आकर मैने पाया कि मैं उसके बारे में ही सोचता रहा। उनकी लिखी बातों ने मुझे इतना प्रभावित किया कि देखते ही देखते मेरे विचारों ने एक पुस्तक का रूप धारण कर लिया। उसमें उनके सिखाए अद्वैत के सिद्धांत और उसके बारे में मेरी सोच, दोनों ही शामिल हो गए। मेरे दिमाग में तेज़ी से आ रहे विचारों के सैलाब में मैं भूल ही गया कि कौन से विचार रमेश के हैं और कौन से मेरे। रमेश कहते हैं कि ऐसा लेखन सहज होता है क्योंकि यह दिमाग से नहीं दिल से लिखा जाता है। यही कारण है कि रमेश ने बहुत सी पुस्तकें लिखी हैं जो उन्होंने लिखी नहीं बल्कि उस लेखन के वे केवल माध्यम थे।

इस प्रकार का संदेश पाठक के दिल को छू लेता है और वह शांति अनुभव करता है। अब उसके मन में दूसरों को दोष देना, उन्हें कोसना, अपने को दोषी समझ कर शर्मसार होना था या 'यदि ऐसा हो' या 'ऐसा होना चाहिए' जैसे बेमतलब विचार नहीं आते। मन शांत होने के कारण वह वर्तमान में 'अब जैसा है' पर ध्यान करता है न कि बीते हुए कल या आने वाले काल्पनिक भविष्य पर। अब उसके दिमाग में नए सकारात्मक विचारों के लिए स्थान बन गया है जबकि पहले फ़िज़ूल की सोच (कर्ता होने पर आधारित) ने उसे घेरा हुआ था। इस तरह लगाई गई ज्वाला से वर्तमान अधिक स्पष्ट हो जाता है और बेकार के विचारों का अंधकार दूर हो जाता है।

मुझे याद है कि पिछली बार जब मैं रमेश के घर पर था तो हमारी बातचीत समाप्त होने के बाद हम चुपचाप बैठे हुए थे। कुछ देर बाद उन्होंने कहा कि मेरे मन में विचार उठ रहा है कि यह कमरा तो बहुत ही सुंदर है। यह कमरा तो सदियों से ऐसा ही था परंतु अब वे इसका आनंद इस प्रकार उठा रहे थे जैसे उन्होंने पहली बार उसे देखा हो। ऐसा एक शांत चित्त व्यक्ति ही कर सकता है जो फिज़ूल के सोच विचारों से मुक्त होकर स्थिति को ठीक से समझ सकता है। वास्तव में यही सच है कि हर क्षण नया है जो न इससे पहले कभी घटित हुआ है न भविष्य में दोहराया जाएगा। इसलिए ऐसी स्थिति में सभी कुछ नया है। जैसा कि रमेश ने अपने एक छोटे से नोट में लिखा है कि आइंस्टीन के स्थान और समय के सिद्धांत की खोज के बाद यह असंभव है कि हम अपने को किसी स्थान से जुड़ा पाएं जब तक हम अपने को किसी समय

से जुड़ा नहीं पाते। अतः हमें अपने आप को यहाँ और अभी से जोड़ देना चाहिए।

यह बात मेरे एक मित्र द्वारा सुनाए किस्से से और स्पष्ट हो जाती है। एक अमरीकन यात्री प्रसिद्ध पोलिश व्यक्ति रब्बी हाफिज़ अयीन से मिलने कैरो गया। वह यह देखकर हैरान रह गया कि रब्बी सादगी से एक छोटे से कमरे में रहता था जिसमें फर्निचर के नाम पर केवल एक कुर्सी और मेज़ था। उस यात्री ने रब्बी से पूछा, "तुम्हारा सारा फर्नीचर कहाँ है?" रब्बी ने बदले में उससे पूछा कि तुम्हारा सारा फर्नीचर कहाँ है?" उस यात्री ने हैरानी से कहा, "मेरा? मैं तो केवल यहाँ से गुज़र रहा था।" रब्बी ने उत्तर दिया, "इसी तरह मैं भी इधर से गुज़र रहा हूँ।"

जब यह पुस्तक छपने के लिए जा ही रही थी कि मेरे संपादक ने मंजुश्री बुद्ध के संदर्भ में जानकारी भेजी जिन्होंने अज्ञान को काटने के लिए अपने हाथ में प्रज्ञा की तलवार पकड़ी हुई है। अभी तक मुझे यह बिल्कुल नहीं मालूम था कि ऐसा कोई बुद्ध है जिसने वास्तव में तलवार पकड़ी हुई है। साथ-साथ घटित होने वाली बातों से मैं काफ़ी हैरान हुआ क्योंकि मंजुश्री बुद्ध का किस्सा सुनने से पहले ही मैंने अपनी पुस्तक का शीर्षक रख लिया था। पर अब मैं यह बात सोच भी नहीं सकता था कि पुस्तक का शीर्षक मेरे द्वारा रखा गया हो भी कैसे सकता है? वास्तव में ही यह बहुत स्पष्ट था कि यह शीर्षक मेरे द्वारा नहीं रखा गया था। यह एक ऐसी घटना थी जिसे घटित होना ही था।

इसी समय एक और रोचक किस्सा भी घटित हुआ। हाल ही में एक दुविधाग्रस्त जिज्ञासु ने रमेश को एक कहानी सुनायी जो इस पुस्तक के शुरू में दी "चाय के कप से शिक्षा" कहानी से बहुत मिलती जुलती थी। जिज्ञासु की बात सुनने के बाद रमेश ने कहा कि वह उसे ऐसी बात नहीं कहेंगे क्योंकि वह समझते हैं कि कुछ लोग दुविधा में ही होते हैं और उनके भाग्य में चाय के खाली कप की तरह विचारशून्य होना नहीं लिखा रहता।

मुझे उनकी यह बात काफ़ी रोचक लगी। कई अवसरों पर वह जिज्ञासुओं को टोका करते थे कि वह उनकी बात ध्यान से नहीं सुनते थे और उनकी बात पूरी होने से पहले ही वह "हाँ, परंतु" जैसे बहुत से प्रश्न और संदेह उठाते थे। वे सैद्धांतिक ज्ञान से भरे होते थे जबकि रमेश की शिक्षाओं को उन्हें खुले मन से सुनना चाहिए था। सच्ची शिक्षा का यही सार है और इसलिए भी कई बार लोग कहते हैं कि आध्यात्मिक गुरु विरोधाभासी बातें कहते हैं। हालाँकि यह विरोधाभासी लग सकता है पर जिज्ञासु को जो कहा जाता है उसे उस समय उसी की आवश्यकता होती है। सच्ची शिक्षा कभी भी कठोर नहीं होती। वह प्रत्येक क्षण सहज रूप से प्रवाह में होती है। बुद्ध के अकर्ता भाव की धारणा को अत्यंत सादगी और स्पष्टता से समझने के लिए मैं रमेश का अति आभारी हूँ। एक बार फिर बुद्ध के संदेश को प्रभावशाली ढ़ंग से रमेश के माध्यम से सबको समझाया गया। जब भी मैं अपने आपको बहुत ख़ुश पाता हूँ तभी मेरे मन में बुद्ध की छवि कौंध जाती है जिनके चेहरे पर विनम्र मुस्कान है। तभी रमेश की बात याद आते ही मैं भी मुस्करा देता हूँ जब उन्होंने अपने सत्संग में बड़े चुलबुलेपन से कहा था कि बुद्ध उनका मित्र है।

सदियों से गूँजता संदेश

अहंकार के कारण अहम् सोचता है, "मैं ही कर्ता हूँ।"

— भगवद्गीता (III-27, 28)

गीता में बतायी अकर्ता की धारणा आज भी महत्वपूर्ण है। इस बात का प्रमाण यह है कि सदियों बाद भी आध्यात्मिक गुरुओं की बातों में आज भी गीता का संदेश दोहराया जाता है। जैसा कि हम आगे के पृष्ठों में देख सकते हैं कि वह अपनी आध्यात्मिक धारणाओं के संदर्भ में ही गीता का संदेश दोहराते हैं।

"किसी भी अच्छे या यहाँ तक कि बुरे काम के लिए भी खुद को कर्ता मत समझो।"

"कर्म का रास्ता भी हैरान कर देने वाला है। लोग मुझे उस काम के लिए ज़िम्मेदार ठहराते हैं जो मैने किया ही नहीं। वह काम केवल मेरे प्रारब्ध के कारण हुआ है। मैं केवल उसका साक्षी हूँ। उसे करने वाला और करने की प्रेरणा देने वाला केवल ईश्वर ही है।"

– शिर्डी साई बाबा (?-1918)
श्री साई सच्चरित्र
श्री साईबाबा संस्थान, शिर्डी, मुंबई द्वारा प्रकाशित

"केवल भगवान ही हमारे माध्यम से काम करता है। पर यह भी सच है कि किसी भी काम का परिणाम अवश्य होता है।"

"'मैं' और 'मेरा' यह केवल अज्ञान है। सच्चे ज्ञान से ही हमें यह अनुभव होता है, 'हे ईश्वर, केवल तुम ही सब कुछ करते हो'।"

"ईश्वर को अधिकारपत्र (पॉवर ऑफ एटॉरनी) दे दो।"

"ईश्वर ही कर्ता है और हम सभी उसके उपकरण हैं।"

– रामकृष्ण परमहंस (1836-1886)
जेम्स ऑफ गोस्पेल, द गोस्पेल ऑफ श्री रामकृष्ण,
पूर्णिमा प्रकाशन, मुंबई द्वारा प्रकाशित।

"हमारे अहंकार के कारण हम अपने को कर्ता मानते हैं। हम सोचते हैं कि हमारी कोशिशों से ही सारे काम हो रहे हैं। ब्रह्मांड के प्रत्येक कण में मौजूद अलौकिक शक्ति ही दुनिया के सभी कामों को संचालित करती है। यह सूर्य, चंद्रमा, उपग्रहों, नक्षत्रों, वायु तथा जल प्रत्येक वास्तु को नियंत्रित करती है। यह सभी समयानुसार बिना किसी रुकावट के अपनी निर्धारित दिशा में चलते हैं। इनमें से कोई भी पूर्वनिर्धारित रास्ते और कामों से ज़रा सा हटने का साहस भी नहीं कर सकते।

"यह केवल वही अलौकिक शक्ति ही है जो शिशु के जन्म लेने से पहले ही माँ के स्तनों में दूध की व्यवस्था कर देती है।

"यदि जीव केवल उस अलौकिक शक्ति के सामने अपने आपको पूरी तरह समर्पित करना सीख ले तो उसे किसी भी चीज़ के लिए बिल्कुल चिंता करने की ज़रूरत नहीं है।"

– विशुद्धानंद परमहंसदेव (1853-1937)
योगिराजधिराज स्वामी विशुद्धानंद परमहंसदेव –
लाइफ एंड फिलासफी
प्रकाशक, विश्वविद्यालय प्रकाशन, वाराणसी

"कर्मों से बंधन नहीं होता। 'मैं कर्ता हूँ' की ग़लत सोच से ही बंधन होता है। ऐसे विचारों को छोड़ कर अपनी दख़लअंदाज़ी से बाधा डाले बिना अपने शरीर और ज्ञानेंद्रियों को अपना काम करने दें।

"हमें यह समझ लेना चाहिए कि हम कर्ता नहीं हैं। हम केवल उस अलौकिक शक्ति के उपकरण हैं। अलौकिक शक्ति को जो आवश्यक लगता है, उसे वही करने दें और मुझे उसके आदेशानुसार काम करने दें।

"वर्तमान समस्या यह है कि व्यक्ति सोचता है कि वही कर्ता है। पर यह एक भूल है। अलौकिक शक्ति ही सब कुछ करती है और मनुष्य केवल उपकरण है। यदि वह इस स्थिति को स्वीकार कर ले तो उसे कोई दिक्कत नहीं होगी, नहीं तो उसे मुसीबतों का सामना करना पड़ेगा। उदाहरण के लिए गोपुरम की मूर्तियों को देखें तो ऐसा लगता है कि जैसे उन्होंने अपने कंधों पर मंदिर की इमारत का पूरा भार उठा रखा है। पर ज़रा सोचो। इमारत ज़मीन पर बनी है और अपनी नींव पर खड़ी है। गोपुरम भी मंदिर की इमारत का हिस्सा है (जैसे एटलस के कंधे पर धरती)। पर उसे इस प्रकार दिखाया गया है कि जैसे उसने पूरी इमारत को उठाया हो। क्या यह हास्यास्पद बात नहीं है। यह उसी प्रकार है जैसे मनुष्य के अंदर कर्ता भाव होता है।"

रमण महर्षि (1879-1950),
टॉक्स विद श्री रमण महर्षि
प्रकाशक, श्री रमणाआश्रम, तिरूवन्नामल्लै

"यह अटल और सर्वव्यापक रूप से माना गया है कि ईश्वर सब कुछ जानता है। ईश्वर ही सब कुछ करता है और ईश्वर की इच्छा के बिना कुछ भी नहीं होता। इसलिए ईश्वर ही मुझसे यह बुलवाता है कि मैं अवतार हूँ और हम सभी एक अवतार हैं। ईश्वर ही किसी के माध्यम से हमें ख़ुशी देता है और किसी के माध्यम से दुख देता है। ईश्वर ही है जो क्रिया भी करता है और प्रतिक्रिया भी करता है। वही हमारी निंदा भी करता है और वही बदले में जवाब भी देता है। वही रचयिता है, वही निर्माता है, वही अभिनेता है और वही श्रोता है।"

"जब यहाँ कुछ भी नहीं है तो कौन अच्छा है और कौन बुरा है? हर जगह केवल ईश्वर ही विद्यमान है जो सर्वज्ञ भी है और सर्वव्यापक भी है। वह आप में भी मौजूद है। वह असीम रूप से दयालु है। वह सब कुछ जानता है। वह आपकी सोच को भी जानता है। वह यह भी जानता है कि आज से पचास वर्षों के बाद आप क्या सोचेंगे। वह सर्वशक्तिशाली है तो वह आपके विचारों पर रोक क्यों नहीं लगाता? आपके विचारों को रोकने के लिए उसकी ताकत का प्रयोग करने का प्रश्न ही कहाँ उठता है? यदि आप गहराई से सोचेंगे तो समझ सकेंगे कि केवल मैं ही अच्छे या बुरे का कर्ता हूँ।"

"चिंता मत करो। संसार में जो भी होता है, वह ईश्वर की इच्छा से ही होता है। पाप भी भगवान की इच्छा से ही किए जाते हैं।"

– मेहेर बाबा (1894-1969)
लार्ड मेहेर
प्रकाशक, मैनिफेस्टेशन आई.एन.सी., एन. कैरोलीना

"अतः आपको यह समझने की कोशिश करनी चाहिए कि सभी कुछ उससे ही शुरू होता है। आपकी कोई भी ताकत, आपके अंदर कोई भी हुनर, यहाँ तक कि आप ख़ुद – यह सब कहाँ से आया है? और क्या यह सभी अज्ञान का पर्दा हटाकर उसे ढूँढ़ने के उद्देश्य से नहीं है? जो भी मौजूद है, वह सब केवल उसी से शुरू हुआ है। क्या अपनी एक भी साँस पर आपका नियंत्रण है? चाहे कितनी भी छोटी मात्रा में वह आपको यह महसूस कराता है कि आपको कुछ करने की आज़ादी है तो आपको यह समझना चाहिए कि यदि इसका प्रयोग आप उपर उठकर ईश्वर की प्राप्ति के लिए करते हैं तो इससे आपका ही कल्याण होगा। परंतु यदि आप ख़ुद को कर्ता और ईश्वर को बहुत दूर मानते हैं और प्रत्यक्ष में उसके दूर होने के कारण आप केवल अपनी इच्छाओं की पूर्ति के लिए काम करते हैं तो यह ग़लत है। आपको सभी चीज़ों में ईश्वर को विद्यमान समझना चाहिए। जब आप ईश्वर की मौजूदगी को पहचान लेते हैं तो उस समय यदि आपका जो नज़रिया ईश्वर के प्रति है, वह उसी रूप में आपके सामने प्रकट होगा। जैसे यदि आप उसे करुणामय, दयालु और कृपालु के रूप में देखते हैं तो वह आपके सामने उसी रूप में प्रकट होगा। उदाहरण के लिए जो उनके सामने दीन हीन बन कर प्रार्थना करता है, वह उनके सामने दीन हीन के ईश्वर के रूप में प्रकट होगा।"

– आनंदमयी माँ (1896-1982)
ए गॉडेस अमंग अस
प्रकाशक, योगी इंप्रेशन्स बुक्स प्रा. लि., मुंबई

"वास्तव में काम आपके लिए किए जाते हैं, आपके द्वारा नहीं।"

"आपकी इच्छाएँ स्वयं ही आपके अंदर प्रकट होती हैं, चाहें वह पूरी हों या न हों। आप इन दोनों में से कुछ भी नहीं बदल सकते। आपको यह विश्वास हो सकता है कि आपने कड़ी मेहनत और संघर्ष किया है। परंतु आपके संघर्ष से मिले लाभ सहित यह सब केवल घटित हुआ है। कुछ भी आपके द्वारा या आपके लिए नहीं है। यह सब चित्रपट पर चल रही तस्वीर की तरह है। उस रोशनी में आप अपने आप को जो व्यक्ति समझते हैं, वह भी आप नहीं हैं। आप केवल रोशनी हैं।"

"वह साक्षी है जो कहता है, 'मैं जानता हूँ'। व्यक्ति कहता है, 'मैं कर्ता हूँ'। 'मैं जानता हूँ' – कहना भी झूठ नहीं है परंतु उसकी एक सीमा है। पर 'मैं कर्ता हूँ' यह कहना सारासार झूठ है क्योंकि कोई भी कुछ नहीं करता। सभी कुछ अपने आप ही होता है। यहाँ तक कि कर्ता होने का विचार भी।"

– निसर्गदत्त महाराज (1897-1981)
आई एम दैट – टॉकस ऑफ श्री निसर्गदत्त महाराज
प्रकाशक, चेतना (प्रा.) लि., मुंबई

"केवल दुख रहता है,
कोई दुखी नहीं पाया जाता।

कर्म है,
परंतु उन कर्मों को करने वाला कोई नहीं है।

निर्वाण है,
परंतु कोई व्यक्ति नहीं है, जिसने उसे पाया है।

रास्ता है,
*पर यहाँ कोई यात्री नहीं है।"**

— गौतम बुद्ध

* विशुद्धि मग्गा XVI, उद्धृत् BD12, बुद्धिज़्म A से Z, 'नो सेल्फ', रोनाल्ड एपस्टेन द्वारा संकलित।

आभार

मेरी माता, संतोष का, उनके बहुमूल्य परामर्श के लिए अपना लेखन सबसे पहले मैं उन्हें दिखाता था।

शिव शर्मा का, जिन्होंने बहुत ध्यानपूर्वक मेरी पुस्तक का संपादन किया।

गेरी रोबा का, जिन्होंने मेरे लेखन को बेहतर बनाने के लिए महत्वपूर्ण सुझाव दिए और साथ ही उनकी मित्रता के लिए भी।

रोहित आर्य का, जो इस पुस्तक के समीक्षक रहे।

मेरी बहन निक्की का, जिन्होंने महत्वपूर्ण सुझाव दिए।

मेरी टीम के सदस्य – गिरीश जठार और संजय मालंडकर का, जो वर्षों से मेरे साथ हैं और जिन्होंने इस पुस्तक की आवरण और डी.टी.पी. में मेरी सहायता की।

शंकरा भागवदपदा का, जिन्होंने विशेषकर युवा जिज्ञासुओं के लिए पुस्तक के कुछ महत्वपूर्ण पहलुओं और शिक्षण पर प्रकाश डाला।

सायरस खंबाटा, पूनम आहूजा, रोहित मेहता और शीतल संघवी का जिन्होंने संदर्भ जुटाने में मेरी सहायता की। साथ ही प्रिया मेहता का भी जिन्होंने पुस्तक के कवर का डिज़ाइन तैयार किया।

For information on Ramesh Balsekar, visit:
www.rameshbalsekar.com

For information on Gautam Sachdeva, visit:
www.gautamsachdeva.com

The author may be contacted on email:
mails@gautamsachdeva.com

For further details, contact:
Yogi Impressions Books Pvt. Ltd.
1711, Centre 1, World Trade Centre,
Cuffe Parade, Mumbai 400 005, India.

Fill in the Mailing List form on our website
and receive, via email, information on
books, authors, events and more.
Visit: www.yogiimpressions.com

Telephone: (022) 61541500, 61541541
Fax: (022) 61541542
E-mail: yogi@yogiimpressions.com

 Join us on Facebook:
www.facebook.com/yogiimpressions

GAUTAM SACHDEVA
THE END OF
SEPARATION
Finding peace and equanimity through our relationships

Explosion
of
Love
Gautam Sachdeva

pointers from
ramesh balsekar
dealing with life situations with
equanimity and peace of mind
gautam sachdeva

Also in Hindi and Marathi

THE

The Sacred India Tarot

Inspired by Indian Mythology and Epics

78 cards + 4 bonus cards + 350 page handbook

The Sacred India Tarot is truly an offering from India to the world. It is the first and only Tarot deck that works solely within the parameters of sacred Indian mythology – almost the world's only living mythology today.

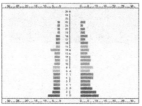
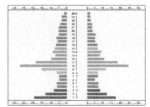